BESONDERE LEISTUNGSFESTSTELLUNG

Biologie 10. Klasse
Aufgaben mit Lösungen
Gymnasium
Thüringen

ab Seite 67 = Lösungen

STARK

ISBN 978-3-89449-687-6

© 2008 by Stark Verlagsgesellschaft mbH & Co. KG
5. neu bearbeitete und ergänzte Auflage
www.stark-verlag.de

Inhalt

Fortsetzung siehe nächste Seite

Autorinnen:

Dr. Sabine Hild und Dr. Petra Schmidt

Vorwort

Liebe Schülerin, lieber Schüler,

das vorliegende Buch unterstützt Sie bei der systematischen Vorbereitung auf die Besondere Leistungsfeststellung im Fach Biologie.

Die Besondere Leistungsfeststellung im Fach Biologie besteht aus der Pflichtaufgabe und einer Wahlaufgabe, die aus dem vorgegebenen Wahlteil auszuwählen ist. Für die Pflicht- und für die Wahlaufgabe werden jeweils 20 BE vergeben.

- Das Buch enthält **Beispielaufgaben im Stil der Besonderen Leistungsfeststellung:** An solch einer Beispielaufgabe können Sie die Struktur, den Schwierigkeitsgrad und den Umfang sowie die Charakteristik von Pflicht- und Wahlaufgabe erkennen.
- Darüber hinaus enthält das Buch zusätzlich **Übungsaufgaben,** die dem Aufgabentyp des Wahlteils entsprechen. Sie dienen vor allem zur Wiederholung und Systematisierung relevanter Inhalte. Die hier vorliegenden Übungsaufgaben sind jeweils für 10 BE konzipiert und unterscheiden sich zum Teil deutlich in ihrem Schwierigkeitsgrad.
- Neben den Aufgaben sind jeweils mögliche **Lösungen** angegeben. Sie dienen der Kontrolle der eigenen Leistungen beziehungsweise der Orientierung beim Wiederholen und Lernen.

Wir wünschen Ihnen viel Erfolg bei der Besonderen Leistungsfeststellung im Fach Biologie.

Stichwortverzeichnis

Hinweise und Tipps

1 Die Besondere Leistungsfeststellung

Seit dem Schuljahr 2003/2004 ist die Besondere Leistungsfeststellung für Schülerinnen und Schüler der Klassenstufe 10 verpflichtender Teil der Versetzung (Ausnahme sind diejenigen Schülerinnen und Schüler, die bereits über einen Realschulabschluss verfügen.) An beruflichen Gymnasien findet keine Besondere Leistungsfeststellung statt, da hier in der Regel der Realschulabschluss eine Zugangsvoraussetzung bildet.

Mit der erfolgreichen Teilnahme an der Besonderen Leistungsfeststellung und dem Erfüllen der Versetzungsbestimmungen wird dem Schüler am Gymnasium eine dem Realschulabschluss gleichwertige Schulbildung bescheinigt.

Die Schülerinnen und Schüler stellen sich einer schriftlichen Leistungsfeststellung in den Fächern Deutsch, Mathematik, erste Fremdsprache und nach eigener Wahl in einem der Fächer Biologie, Chemie und Physik. Nach Bekanntgabe der Noten kann der Schüler auf Verlangen in einem der betreffenden Fächer zusätzlich eine mündliche Leistungsfeststellung absolvieren.

2 Erfolgreiche Teilnahme an der Besonderen Leistungsfeststellung

Der Schüler hat mit Erfolg an der Besonderen Leistungsfeststellung teilgenommen, wenn er die Bestimmungen zur Versetzung nach der Thüringer Schulordnung erfüllt hat. Das heißt, er hat

- in allen vier Fächern der Besonderen Leistungsfeststellung mindestens die Note 4 (ausreichend) erhalten oder
- in höchstens einem Fach die Note 5 (mangelhaft) bekommen und in den anderen drei Fächern nicht schlechter als mit der Note 4 (ausreichend) abgeschlossen oder
- in höchstens zwei Fächern die Note 5 (mangelhaft) erhalten, kann diese beiden Noten aber ausgleichen, und hat im Übrigen nicht schlechter als mit der Note 4 (ausreichend) abgeschlossen oder
- in höchstens einem Fach die Note 6 (ungenügend) erhalten, kann diese aber ausgleichen, und hat in den übrigen Fächern nicht schlechter als mit der Note 4 (ausreichend) abgeschlossen.

I

Ein Ausgleich für die Besondere Leistungsfeststellung ist gegeben
- für je eine Note 5 (mangelhaft) durch eine Note 2 (gut) oder durch eine Note 1 (sehr gut),
- für eine Note 6 (ungenügend) durch zwei Noten 2 (gut) oder durch eine Note 1 (sehr gut).

Erreicht ein Schüler nicht sofort die geforderten Ergebnisse in der schriftlichen Leistungsfeststellung, so ist nur über die zusätzliche mündliche Leistungsfeststellung in diesen Fächern ein Bestehen möglich.

Findet auf Wunsch des Schülers in den Fächern der Besonderen Leistungsfeststellung eine zusätzliche mündliche Leistungsfeststellung statt, gehen das Ergebnis der schriftlichen und das Ergebnis der mündlichen Leistungsfeststellung im Verhältnis 2 : 1 in die Gesamtnote der Besonderen Leistungsfeststellung in diesem Fach ein. Die nach den mündlichen Leistungsfeststellungen erreichten Gesamtnoten müssen dann die Kriterien der Versetzungsbestimmungen erfüllen.

In den Fächern der Besonderen Leistungsfeststellung werden die Jahresfortgangsnote und das Ergebnis der Besonderen Leistungsfeststellung zur Ermittlung der Note für das Schuljahr gleich gewichtet. In den weiteren Fächern gelten die Jahresfortgangsnoten als Zeugnisnoten.

In den Fächern der Besonderen Leistungsfeststellung dürfen im zweiten Schulhalbjahr der Klassenstufe 10 keine Klassenarbeiten geschrieben werden.

3 Die Besondere Leistungsfeststellung im Fach Biologie

3.1 Ablauf

Die Besondere Leistungsfeststellung findet im 2. Halbjahr der Klassenstufe 10 (Mai/Juni) statt. Die Termine für die schriftliche und mündliche Leistungsfeststellung im Fach Biologie legt der Schulleiter fest.

Die Dauer der schriftlichen Leistungsfeststellung im Fach Biologie beträgt **120 Minuten**.

Die von den Schülerinnen und Schülern zu bearbeitende Aufgabe gliedert sich in **eine Pflichtaufgabe und zwei Wahlaufgaben**, von denen eine zu bearbeiten ist. Die Aufgaben beziehen sich auf mehrere Themenbereiche. Für die Pflichtaufgabe und die Wahlaufgabe werden jeweils **20 Bewertungseinheiten** (BE) vergeben.

3.2 Inhalte und Anforderungen

Inhalt der Besonderen Leistungsfeststellung im Fach Biologie sind die Lehrplaninhalte der Klassenstufen 9 und 10 des sprachlichen und musisch-künstlerischen Zweiges des Thüringer Gymnasiums:
- **Lebensproduzenten der Produzenten und Destruenten:** Ernährung grüner Pflanzen, Atmung der grünen Pflanzen, Lebensprozesse der Destruenten, Stoffwechselprozesse – Systematisierung

- **Organismen in ihrer Umwelt:** Vielfalt von Ökosystemen, Ökosystem Wald (naturnaher Wald), wirtschaftlich genutztes Ökosystem, Umweltprobleme und Umweltschutz
- **Genetik:** Grundlagen der Vererbung, Weitergabe der Erbinformationen bei der Bildung von Körper- und Keimzellen, Merkmalsveränderungen, genetisch bedingte Krankheiten des Menschen, Anwendung von Kenntnissen über Genetik in der Praxis
- **Evolution:** Entwicklung der Organismen, Belege für die Evolution der Organismen, Stammesentwicklung des Menschen

Für die Lösung der Aufgaben sind neben dem Fachwissen auch **methodische Kompetenzen**, z. B. die richtige Anwendung von Arbeitstechniken und Lösungsstrategien, erforderlich.

Bei der Pflichtaufgabe handelt es sich um eine komplexe, materialgebundene Aufgabe mit themenübergreifendem Charakter. Die Lösung des Pflichtteils fordert folgende Kompetenzen:

Entsprechend der vorgegebenen Aufgabenstellung ist der Lösungsweg logisch zu strukturieren. Die Lösung erfordert eine zusammenhängende Darstellung. Die vorgegebenen Materialien sind zu bearbeiten, fachlich exakt auszuwerten und fachwissenschaftliche Kenntnisse abzuleiten. Eigene Kenntnisse und methodische Kompetenzen sind anzuwenden. Das heißt, dass die folgenden Kriterien bei der Bewältigung der Anforderungen Berücksichtigung finden sollten:

- Erarbeitung einer strukturierten Gliederung unter Beachtung der Aufgabenstellungen (Einleitung, sinnvolle Abfolge zu besprechender Einzelaspekte, Zusammenfassung/Schlussfolgerung)
- Analyse der angebotenen Materialien und fachwissenschaftliche Ableitung von Erkenntnissen
- Anwendung eigener Fachkenntnisse und Nutzung von aus dem Unterricht bekannten Arbeitstechniken
- Sinnvolle Verknüpfung der einzelnen Abschnitte der schriftlichen Darstellung
- Klarheit der Gedankenführung
- Differenzierung zwischen wesentlichen und weniger wichtigen Aspekten
- Zutreffende Verwendung von Fachtermini

Aus der Formulierung der Aufgabe und Teilaufgaben bzw. aus dem Arbeitsauftrag der Aufgabenstellung werden in der Regel Art und Umfang der geforderten Leistung erkennbar. Es ist daher besonders wichtig, sich mit den in den Aufgaben bzw. Teilaufgaben verwendeten Operatoren vertraut zu machen.

In der folgenden Tabelle ist eine Auswahl entsprechender Operatoren mit jeweiliger Begriffserklärung und je einem Aufgabenbeispiel angegeben.

Signalwort	Bedeutung	Beispiel
Nennen	Fakten, Begriffe, Namen wiedergeben.	*Nennen Sie zwei Vergesellschaftungsformen!*
Beschreiben	Objekte und Vorgänge vollständig, systematisch und geordnet kennzeichnen.	*Beschreiben Sie das mikroskopische Bild des Wurzelquerschnitts!*
Erläutern	Aussagen über ein Objekt/einen Sachverhalt möglichst vollständig, unter Berücksichtigung der Beziehungen zwischen den Merkmalen und unter Einbeziehung von Beispielen zur Konkretisierung und Veranschaulichung treffen.	*Erläutern Sie die Bedeutung des Lichtfaktors für die Fotosynthese!*
Erklären	Den zu erklärenden Sachverhalt aus einer allgemeinen Aussage ableiten.	*Erklären Sie aus evolutionsbiologischer Sicht die unterschiedliche Hautpigmentierung bei Menschen!*
Vergleichen	Gemeinsamkeiten und Unterschiede von Objekten und Prozessen feststellen.	*Vergleichen Sie Atmung und Gärung!*
Zuordnen	Begriffe entsprechend ihrer Zugehörigkeit in ein System einordnen.	*Ordnen Sie die Begriffe in das vorgegebene System ein!* *Beschriften Sie die Abbildung!*
Definieren	Den zu definierenden Begriff durch Angabe des Oberbegriffs und der invarianten (spezifischen) Merkmale eindeutig bestimmen.	*Definieren Sie den Begriff Mutation!*
Begründen bzw. Ableiten	Ursache-Wirkungs-Beziehungen bzw. Grund-Folge-Beziehungen aufzeigen.	*Begründen Sie, warum bei Schattenpflanzen im Gegensatz zu Lichtpflanzen bereits bei geringer Lichtintensität Fotosynthese stattfindet!*
Schlussfolgern	Auf der Grundlage von Kenntnissen über Kausalbeziehungen Entscheidungen über die Richtigkeit bestimmter Handlungs- und Verhaltensweisen treffen.	*Leiten Sie Maßnahmen zur gesunden Lebensweise ab!*

Interpretieren	Einen Sachverhalt analysieren, beschreiben und erklären.	*Interpretieren Sie die grafische Darstellung!*
Werten/ Beurteilen	Die Folgen eines Verhaltens, Handlungsmotivs, Sachverhalts o.ä. und die Folgen eines günstigeren Verhaltens, Handlungsmotivs, Sachverhalts o. Ä. (des Gegenteils) ableiten und persönlich Stellung nehmen.	*Beurteilen Sie die Anwendung gentechnischer Verfahren in der Insulinforschung!*
Beweisen	Den Wahrheitsgehalt einer Aussage auf der Grundlage von logischen Beziehungen und Gesetzen überprüfen.	*Beweisen Sie die Zuordnung nitrifizierender Bakterien zu den autotroph assimilierenden Lebewesen!*
Charakterisieren	Wesentliches eines Sachverhaltes nach spezifischen Aspekten benennen und beschreiben.	*Charakterisieren Sie die Bedeutung der geschlechtlichen Fortpflanzung für die Erhaltung der Art!*

3.3 Bewertung

Kriterien der Bewertung der Pflicht- und Wahlaufgabe sind:
- Fachwissenschaftliche Richtigkeit und Vollständigkeit
- Eingrenzung auf Wesentliches, Verwendung der Fachsprache
- Sachgerechtes und situatives Anwenden von fachspezifischen und fächerübergreifenden Inhalten und Methoden
- Materialanalyse und fachwissenschaftliche Ableitung von Erkenntnissen
- Strukturierte und logische Gliederung der Darlegungen; sprachliche Korrektheit

Die Korrektur der schriftlichen Leistungsfeststellung erfolgt durch den Fachlehrer. Bei Bewertungen schlechter als ausreichend wird durch den Schulleiter eine Zweitkorrektur angeordnet. Die Festlegung der Note orientiert sich an der folgenden Tabelle:

Bewertung	Note	BE
sehr gut	1	36 – 40 BE
gut	2	29 – 35 BE
befriedigend	3	22 – 28 BE
ausreichend	4	15 – 21 BE
mangelhaft	5	8 – 14 BE
ungenügend	6	0 – 7 BE

BE

1   Proteine erfüllen im Organismus eines Menschen grundlegende Funktionen.

1.1   Erläutern Sie an drei Beispielen verschiedene Funktionen von Proteinen im Organismus.   3

1.2   Auf unserem Speiseplan stehen neben Kohlenhydraten und Fetten auch Proteine. Beschreiben Sie die Verdauung von Proteinen und erläutern Sie die Bedeutung dieses Prozesses für die Proteinbiosynthese.   4

1.3   Interpretieren Sie die folgende Grafik.   3

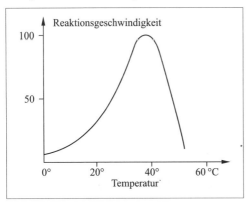

2   Die Entwicklung von Antibiotika basiert auf biologischen Kenntnissen

2.1   Beschreiben Sie den prinzipiellen Ablauf der Proteinbiosynthese.   6

2.2   Entscheiden Sie, welche der angegebenen Antibiotika zu medizinischen Zwecken gegen bakterielle Infektionen beim Menschen eingesetzt werden können und welche nicht. Begründen Sie Ihre Entscheidungen.   4

1

Antibiotika	Wirkung
Streptomycin, Tetracyclin	hemmt am 70S-Ribosom die Bindung der Aminosäure an die tRNA
Rifamycin	verhindert Synthese der mRNA in Bakterien
Penicillin	hemmt die Mureinvernetzung der Zellwand
Puromycin	bricht Synthese der Polypeptidkette an 70S- und 80S-Ribosomen ab (jedoch nicht bei einer bestimmten Bakteriengruppe und bei Pilzen, da Puromycin hier nicht in die Zellen eindringen kann)
Amanitin (Gift des Grünen Knollenblätterpilzes*)*	blockiert Enzyme in eukaryotischen Zellen, wodurch Synthese der mRNA verhindert wird

Bakterien unterscheiden sich von tierischen und menschlichen Zellen unter anderem in folgenden Merkmalen. Bakterien verfügen über:
– eine Zellwand aus Murein (ein aus Zucker und Aminosäuren bestehender Komplex, der Festigkeit verleiht),
– 70S-Ribosomen (Ribosomen: Komplexe aus RNA und Proteinen, an denen bei der Proteinbiosynthese Aminosäuren zur Peptidkette verknüpft werden; S = Maßeinheit zur Angabe der Größe und Eigenschaft; Tierische Zellen: 80S-Ribosomen),
– andere Membranlipide und
– teilweise spezifischen Stoffwechsel.

3 Zum optimalen Wachstum benötigen Zimmerpflanzen entsprechende Lebensbedingungen.

3.1 Zimmerpflanzen müssen mit Wasser und mit Pflanzendünger versorgt werden. Begründen Sie diese beiden Maßnahmen. 4

3.2 Entscheiden Sie, ob folgende Aussagen richtig oder falsch sind. Kreuzen Sie an. 6

	richtig	falsch
a) Die Fotosynthese ist ein heterotropher Assimilationsvorgang.	☐	☒
b) Die lichtabhängige Phase ist ein Energie transformierender Prozess.	☐	☐
c) In der lichtabhängigen Phase entsteht aus CO_2 der für die Atmung notwendige O_2.	☒	☐

d) Die lichtabhängige Phase läuft am Tag, die lichtunabhängige Phase in der Nacht ab. ☐ ☐

e) O_2 ist ein Produkt der Fotosynthese. ☒ ☐

f) Ohne CO_2 wird zuerst die lichtabhängige Phase, dann die lichtunabhängige Phase gestoppt. ☐ ☐

4 Die Wurzelhaarzelle nimmt bei der Stoffaufnahme eine zentrale Rolle ein.

4.1 Beschriften Sie den Wurzelquerschnitt und ordnen Sie den Bestandteilen die entsprechenden Funktionen zu. 5

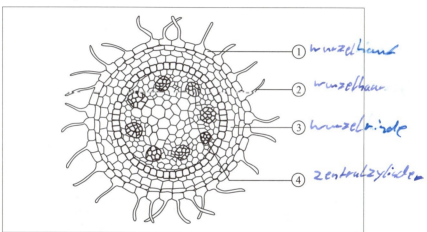

① wurzelhaut
② wurzelhaar
③ wurzelrinde
④ zentralzylinder

4.2 Erklären Sie die Wasseraufnahme durch die Wurzelhaarzelle. 3

4.3 In einem Experiment werden Pflanzen überdüngt. 24 Stunden später wird ein Abzugspräparat der Epidermis hergestellt. Interpretieren Sie das mikroskopische Bild. 2

Foto:Mnolfhttp://de.wikipedia.org/wiki/Bild:Rhoeo_Discolor_-_Plasmolysis.jpg, lizenziert unter der GNU Free Documentation License 1.2

5 Wasser ist ein wichtiger Ausgangsstoff der Fotosynthese.

5.1 Geben Sie die Summengleichung für die Fotosynthese an. Vervollständigen Sie die folgende Übersicht über die Stoff- und Energiewechselprozesse. Begründen Sie die Einordnung der Fotosynthese. 4

3

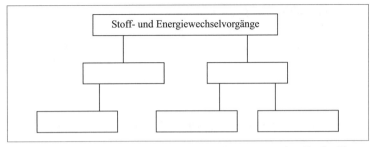

5.2 Eine zu geringe Wasserzufuhr kann zur Verengung der Spaltöffnungen führen. Erläutern Sie die Folgen für das Wachstum der Zimmerpflanze.

3

5.3 Bei einem jungen Birkenbaum wird die Sprossachse ringförmig so durchschnitten, dass der Siebteil, nicht aber der Gefäßteil des Leitbündels durchtrennt wird.
Nach zwei Tagen wird geprüft, ob die Laubblätter welken. Geben Sie eine begründete Vermutung für das Ergebnis A an.
Begründen Sie das Ergebnis B.
Erläutern Sie, welche Schlussfolgerung aus dem Versuch gezogen werden kann.

3

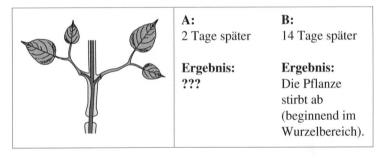

A:
2 Tage später

Ergebnis:
???

B:
14 Tage später

Ergebnis:
Die Pflanze
stirbt ab
(beginnend im
Wurzelbereich).

6 1771 machte Joseph PRIESLEY auf der Grundlage folgender Versuche eine wichtige Entdeckung:

Versuchsreihe 1:
– In ein verschlossenes Gefäß führte er eine brennende Kerze ein. Nach kurzer Zeit erlosch sie.
– In ein weiteres verschlossenes Gefäß setzte er Mäuse. Nach einiger Zeit starben die Tiere.
– Dann führte er in das Gefäß mit den toten Mäusen eine brennende Kerze ein. Die Flamme erlosch sofort.

Versuchsreihe 2:

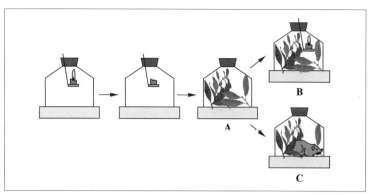

6.1 Erläutern Sie, welche Erkenntnisse PRIESLEY aus diesem Experiment ziehen konnte. 2

6.2 Erklären Sie aus heutiger Sicht das Ergebnis der Versuchsreihe 2. Geben Sie für die beteiligten biologischen Vorgänge jeweils die Summengleichungen an. 4

6.3 Bei der Versuchsanordnung C handelt es sich um ein ökologisches System, in dem nur unter bestimmten Bedingungen die Lebewesen über einen gewissen Zeitraum überleben können. Erläutern Sie diese Bedingungen. 2

6.4 In das bepflanzte Gefäß wird etwas Wasser gegeben. Es wird verschlossen und an einem hellen Ort aufgestellt. Nach einigen Monaten sterben die Pflanzen ab. Begründen Sie. 2

7 Hohe Erträge in der Landwirtschaft können durch die Optimierung von Umweltfaktoren erzielt werden.

7.1 Die Bestimmung der Fotosyntheseleistung erfolgt über die Messung verschiedener Parameter. Nennen Sie zwei geeignete Parameter. 2

7.2 In Versuchsreihen wurde ermittelt, unter welchen Bedingungen die Fotosyntheseleistung der betreffenden Kulturpflanzen besonders hoch ist. Im Folgenden sind einige Versuchsergebnisse einer ausgewählten Pflanzenart dargestellt:

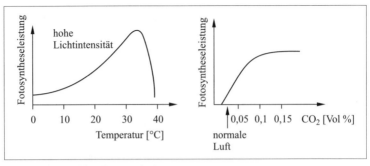

Interpretieren Sie die Ergebnisse.   5

7.3 Leiten Sie aus den Versuchsbedingungen praktische Maßnahmen für
    die Steigerung der Pflanzenproduktion im Gartenbau bzw. in der
    Landwirtschaft ab.   3

8   Außer von der Temperatur und dem CO_2-Gehalt der Luft ist das
    Pflanzenwachstum noch von verschiedenen anderen Faktoren ab-
    hängig.

8.1 Begründen Sie, warum die Fotosyntheseleistung bei Schattenpflanzen
    nicht erhöht werden kann, wenn man diese auf einem sehr sonnigen
    Acker bei hoher Lichtintensität anbaut.   3

8.2 Ein Gärtner pflanzt einige Tomatenpflanzen der gleichen Sorte ins
    Freiland, andere ins Gewächshaus. Im Gewächshaus achtet er darauf,
    dass die Tomaten optimale Wachstumsbedingungen haben. Von die-
    sen Pflanzen erntet er die größten Tomaten und gewinnt daraus Sa-
    men. Seinem Nachbarn hingegen überlässt er zur Samengewinnung
    die Tomaten aus dem Freiland. Der Nachbar mag kleine, feste Toma-
    ten und wählt nur die kleinen Tomaten zur Samengewinnung aus.
    Wie wirkt sich die unterschiedliche Herkunft der Samen auf die Ernte
    im folgenden Jahr aus? Begründen Sie.   3

8.3

Ausschnitt aus dem Stoffwechsel der Pflanzen

6

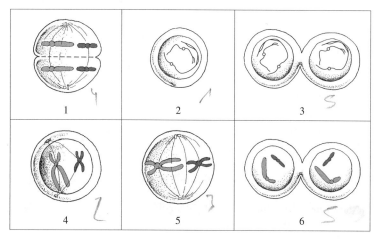

Chlorophyllmolekül
(Chlorophyll a)

Mit der Düngung müssen Pflanzen neben weiteren Mineralsalz-Ionen ausreichende Mengen an Magnesium- und Nitrat-Ionen aus dem Boden aufnehmen. Erläutern Sie die Bedeutung von Magnesium- und Nitrat-Ionen für die Bildung von pflanzlichen Eiweißen.

4

9   Mitose und Meiose sind grundlegende Zellteilungsprozesse.

9.1 Ordnen Sie die Bilder entsprechend dem Mitoseverlauf und charakterisieren Sie das Wesen dieses Prozesses.

4

9.2 Vergleichen Sie den Bau der Chromosomen in der ersten (Prophase) und in der vierten Mitosephase (Telophase).   3

9.3 Madagaskar-Immergrün enthält ein Alkaloid, das den Aufbau des Spindelapparates verhindert. Dieses pflanzliche Alkaloid wirkt toxisch. Es kommt als Wirkstoff im Medikament Vinblastin zum Einsatz und wird im Rahmen von Chemotherapien bei Tumorerkrankungen eingesetzt. Charakteristisch für Tumorzellen ist ihre hohe Teilungsrate. Erläutern Sie die Funktion des Spindelapparates. Begründen Sie den Einsatz von Vinblastin als Medikament.   3

10 Mitose und Meiose sind wichtige Voraussetzungen für die Konstanz und die Variabilität von Merkmalen innerhalb einer Art.

10.1 Je nach Körpergewicht besteht ein menschlicher Körper aus ca. 10 bis 100 Billionen Zellen. Viele dieser Zellen weisen die gleiche Erbinformation wie die Zygote auf, aus der sie hervorgegangen sind. Erklären Sie diese Aussage.   4

10.2 Bei der geschlechtlichen Fortpflanzung wird die genetische Information von den Eltern auf die Nachkommen übertragen. In verschiedenen Merkmalen unterscheiden sich jedoch Kinder von ihren Eltern. Nennen Sie zwei konstante und zwei variable Merkmale.
Erklären Sie den Prozess der Weitergabe konstanter Erbinformationen der Eltern auf ihre Nachkommen und erklären Sie zwei Möglichkeiten der Entstehung variabler Merkmale.   6

11 Zellteilungsprozesse sind Grundlage für Fortpflanzung und Entwicklung.

11.1 Vergleichen Sie Mitose und Meiose hinsichtlich ihres prinzipiellen Ablaufs, ihres Ergebnisses und ihrer Bedeutung.   5

11.2 Zwei Pflanzensorten stehen für drei verschiedene Versuche zur Verfügung.
1. Versuch: Von Sorte 2 werden Stecklinge gemacht. Daraus entwickeln sich neue Pflanzen.
2. Versuch: Jeweils reinerbige Pflanzen der Sorten 1 und 2 werden miteinander gekreuzt.
3. Versuch: F_1-Nachkommen werden durch Selbstbestäubung von Pflanzen der Sorte 1 erzeugt.

Sorte 1	rote Stängel
Sorte 2	grüne Stängel
Alle F_1 nach Kreuzung von Sorte 1 und Sorte 2	rote Stängel

a) Erstellen Sie für den Versuch 2 das entsprechende Kreuzungsschema. Geben Sie den Erbgang an.

b) Aus Nachkommen der Kreuzung im Versuch 2 sollen Pflanzen mit dem reinerbigen Merkmal „rote Stängel" gezüchtet werden. Erläutern Sie die Vorgehensweise.

c) Vergleichen Sie Versuch 1 mit den Versuchen 2 und 3 aus genetischer Sicht.

5

12 Ein Ehepaar hat eine an Trisomie 21 erkrankte Tochter. In einer humangenetischen Beratungsstelle möchten sie sich darüber informieren, ob bei der jetzt eingetretenen Schwangerschaft erneut ein Kind mit Trisomie 21 zu erwarten ist. Versetzen Sie sich in die Rolle des Humangenetikers.

12.1 Vergleichen Sie Körperzellen und Geschlechtszellen des Menschen.

3

12.2 Erläutern Sie eine Möglichkeit für die Entstehung der Trisomie 21 und beschreiben Sie die genetische Ursache.

4

12.3 Empfehlen Sie der Frau eine Untersuchung, mit der die Früherkennung dieser Krankheit möglich ist und begründen Sie Ihren Vorschlag.

3

13 Bienen sind Staaten bildende Insekten. Aus einer befruchteten Eizelle des Geleges einer Bienenkönigin können sich unterschiedliche weibliche Tiere entwickeln. Dabei spielt die Ernährung der Larven eine entscheidende Rolle. Wenn diese ausschließlich mit einem speziellen Futtersaft, dem Gelée Royale, aus den Kopfdrüsen der Ammenbienen gefüttert werden, entstehen Königinnen. Erhalten sie dagegen Pollen und Nektar als Nahrung, entwickeln sie sich zu Arbeiterinnen.

Bienen-Königin (links), Drohne (männliche Biene, Mitte) und Arbeiterin (rechts)
aus: Weiß, K.: Bienen und Bienenvölker. CH Beck Wissen in der Beck'schen Reihe Nr. 2067, Verlag C. H. Beck, München 1997

13.1 Definieren Sie den Begriff Tierstaat. 4

13.2 Die Drohnen entwickeln sich aus unbefruchteten Eizellen. Ein Bienenzüchter behauptet, dass alle Drohnen in einem Bienenstock vollkommen erbgleich sind.
Bewerten Sie die Richtigkeit dieser Behauptung und begründen Sie Ihre Aussage. 3

13.3 Das Leben im Insektenstaat bietet den Bewohnern Vorteile. Erläutern Sie diesen Sachverhalt. 3

14 Die deutsche Wissenschaftlerin Christiane NÜSSLEIN-VOLHARD erhielt 1995 für ihre Forschung an der Fruchtfliege einen Nobelpreis. Sie arbeitete dabei nach allgemein gültigen Regeln.

14.1 Sie kreuzte unter anderem reinerbige Fruchtfliegen, die sich in der Flügelform unterscheiden. Die weiblichen Tiere hatten Normalflügel, die männlichen Tiere besaßen Stummelflügel. In der ersten Tochtergeneration traten nur Tiere mit Normalflügeln auf.
Leiten Sie den entsprechenden Erbgang ab und erklären Sie das Versuchsergebnis mithilfe eines Kreuzungsschemas. 3

14.2 Mutanten mit Stummelflügeln haben auf windreichen Inseln Selektionsvorteile.
Erklären Sie diesen Sachverhalt. 2

14.3 Die Fruchtfliege hat 8 Chromosomen in den Körperzellen. Trotz Verschmelzung von Ei- und Samenzelle bei der geschlechtlichen Fortpflanzung bleibt der arttypische Chromosomensatz erhalten.
Fertigen Sie eine beschriftete Skizze von einem Chromosom an und erklären Sie unter Einbeziehung der Keimzellenbildung, wie die Anzahl der Chromosomen in den Körperzellen über Generationen hinweg konstant gehalten wird. 5

15 Ein Rinderzüchter kauft zwei Hausrinder: eine gescheckte Kuh und einen einfarbigen Bullen. Er ist sehr enttäuscht, dass nur einfarbige Kälbchen geboren werden.

15.1 Leiten Sie den entsprechenden Erbgang ab, erklären Sie dem Züchter anhand eines Kreuzungsschemas das Ergebnis dieser Kreuzung und nennen Sie den Wortlaut der zutreffenden Mendelschen Regel. 4

15.2 Erläutern Sie eine Möglichkeit, wie auf der Grundlage dieser Kreuzung auch gescheckte Rinder gezüchtet werden können. 2

15.3 Ca. 95 % der Kühe werden heute künstlich besamt. Dazu wird bei sogenannten „Hochleistungskühen" (Tieren mit erwünschten Eigenschaften, z. B. guter Milchleistung) mittels einer Hormongabe ein mehrfacher Eisprung ausgelöst. Die dadurch entstanden 10–25 Eizellen werden nach einer Woche aus dem Eileiter ausgespült.

Ausgewählten Bullen wird Samen entnommen. Danach erfolgt eine künstliche Befruchtung im Reagenzglas. Eine weitere Methode besteht darin, in künstlich entkernte Eizellen diploide Kerne aus Körperzellen von Hochleistungsrindern einzusetzen.

In beiden Verfahren werden bei In-vitro-Kultivierung die ersten Zellteilungen abgewartet. Danach erfolgt die Zerteilung des Embryos in 4–8 Einzelzellen. Diese Einzelzellen werden jeweils in „Ammenkühe" eingesetzt, die die Kälber austragen.

Vergleichen Sie beide Methoden aus genetischer Sicht.

Erläutern Sie den Vorteil dieser Methoden in der Tierhaltung.   4

16   Viele Indizien sprechen dafür, dass die Vielfalt der Lebewesen auf gemeinsame Ursprungsformen zurückzuführen ist.

16.1   Der Riesenhirsch *Megaloceros giganteus* hat sich aus einer Stammform der Hirsche entwickelt. Diese Stammform lebte in dichten Wäldern. Die Spannweite der Geweihe der männlichen Tiere betrug ca. 1,5 m. Während einer Eiszeit vor ca. 400 000 Jahren, in der die dichten Wälder durch Kälte vernichtet wurden, entwickelte sich der Riesenhirsch. Die Spannweite des Geweihes der männlichen Tiere hatte sich auf 3,5 m erhöht. Dies lässt sich anhand von Skelettfunden belegen. Erklären Sie die Entstehung von Hirschen mit diesem riesigen Geweih aus der Sicht der Synthetischen Evolutionstheorie.   5

16.2   Definieren Sie die Begriffe „analoge Organe" und „homologe Organe". Entscheiden Sie, ob es sich bei den folgenden Beispielen um analoge oder um homologe Organe handelt. Begründen Sie.

Begründen Sie, welche dieser Formen in der Wissenschaft als „Verwandtschaftsbeleg" herangezogen wird.   5

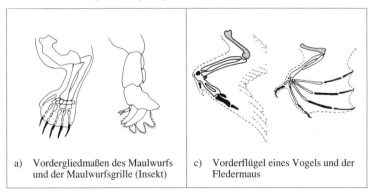

a)   Vordergliedmaßen des Maulwurfs und der Maulwurfsgrille (Insekt)

c)   Vorderflügel eines Vogels und der Fledermaus

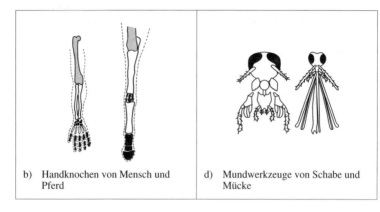

| b) Handknochen von Mensch und Pferd | d) Mundwerkzeuge von Schabe und Mücke |

17 Natürliche Waldökosysteme sind zur Selbstregulation befähigt. Entsprechend ihrer geografischen Lage sind unsere Wälder jedoch auch mehr oder weniger schädigenden Umwelteinflüssen ausgesetzt. Die Erhaltung und der Schutz natürlicher Wälder muss ein weltweites Anliegen werden.

17.1 Erklären Sie den Prozess der Selbstregulation des Mischwaldes.   5

17.2 Erläutern Sie an mindestens zwei Beispielen die Folgen von schädlichen Umwelteinflüssen auf unsere Wälderer und nennen Sie zwei Möglichkeiten, durch die Sie persönlich zum Umweltschutz beitragen können.   5

18 Ausgewählte landschaftliche Gebiete werden heute unter Einbeziehung ökologischer Kenntnisse bewusst gestaltet.

18.1 Bei der Renaturierung von Braunkohletagebauflächen werden heute bevorzugt Mischwälder statt reiner Fichtenwälder angepflanzt. Begründen Sie diese Entscheidung.   4

18.2 Der Thüringer Nationalpark Hainich ist zurzeit mit ca. 5 000 Hektar die größte nutzungsfreie Laubwaldfläche in Deutschland.
Auf einem Flyer ist zu lesen:
„Der Urwald mitten in Deutschland soll sich ungestört entwickeln. Auf 16 000 ha befinden sich strukturreiche Laubholzbestände … Positiv ist zu sehen, dass der Hainich bereits jetzt einen hohen Anteil an Totholz, v. a. im Wurzelbereich, aufweist …"
Manch ein Besucher bezeichnet das Liegenlassen von Ästen oder umgestürzten Bäumen als Verschwendung von Rohstoffen. Es werden immer wieder Vorwürfe laut, der Wald sei vernachlässigt und unor-

dentlich. Auch wird kritisiert, dass im Nationalpark Rotwild geschossen wird.
Bewerten Sie die beiden gegensätzlichen Aussagen.   6

Lösungen

1.1 – Proteine sind grundlegende Bestandteile der Zellen und wirken als Struktureiweiße: z. B. Kollagen im Knochen und Knorpel, Aktin und Myosin im Muskel. Sie sind somit Voraussetzung für den Aufbau des Körpers und für seine Bewegung.
– Proteine sind Bestandteil von Enzymen. Enzyme katalysieren biochemische Reaktionen, z. B. Verdauung und Atmung.
– Einige Proteine wirken als Hormone. Hormone übermitteln Informationen wie z. B. Insulin, das für die Regulation des Blutzuckerspiegels zuständig ist.
– Hämoglobin besteht aus einem Proteinkomplex mit eisenhaltigen Verbindungen. Es nimmt den Sauerstoff im Körper auf, transportiert ihn und gibt ihn dort wo er benötigt wird wieder ab.
– Bestimmte Proteine wirken als Immuneiweiße. So bestehen Antikörper, die z. B. in den Körper eingedrungene Bakterien binden und vernichten, aus Proteinen.

> *Transport = transportieren O_2 durch Blutbahnen*

1.2 Die Verdauung der Proteine beginnt im Magen. Im sauren Milieu (durch Abgabe von HCl) werden Proteine unter Wirkung von Enzymen (z. B. Pepsin) in Polypeptide gespalten. Danach werden diese Polypeptide im Dünndarm weiter verdaut. Die Bauchspeicheldrüse gibt Sekrete an den Dünndarm ab, die den Nahrungsbrei neutralisieren. Unter Wirkung von Enzymen (z. B. Trypsin) werden Polypeptide in Aminosäuren gespalten, die von der Dünndarmwand resorbiert werden.

Bedeutung für die Proteinbiosynthese:
Die resorbierten Aminosäuren werden über das Blut zu den Zellen transportiert. Den Zellen stehen dann u. a. die bei der Verdauung entstehenden Aminosäuren für die Proteinbiosynthese zur Verfügung.

1.3 Die Grafik zeigt die Abhängigkeit der Reaktionsgeschwindigkeit von der Temperatur. Der Kurvenverlauf entspricht einer Optimumkurve. Je höher die Temperatur, desto schneller bewegen sich die Substrat- und die Enzymmoleküle und je häufiger treffen sie aufeinander. Die Anzahl der Enzym-

Substrat-Reaktionen steigt. Der Optimumbereich liegt bei ca. 30–40 °C. Hier ist die Enzymaktivität am höchsten. Bei Temperaturen über 40 °C sinkt die Enzymaktivität und geht bei ca. 50 °C gegen 0. Ursache hierfür ist die Denaturierung der Proteinbestandteile der Enzyme, die zur Unwirksamkeit führt.

2.1 Die Proteinsynthese verläuft in zwei Teilschritten.
Der erste Teilschritt ist die Transkription. Bei diesem Schritt wird der DNA-Doppelstrang an bestimmten Stellen des Chromosoms geöffnet. An die enzymatisch getrennten Stränge der DNA lagern sich freie komplementäre mRNA-Nukleotide aus dem Kernplasma an. Sie verbinden sich zu einer Kette und bilden die mRNA (Boten-RNA). Bei der Transkription wird somit die in der DNA gespeicherte Information für ein bestimmtes Gen auf die mRNA „umkopiert".
Die mRNA gelangt in einem Zwischenschritt aus dem Zellkern in das Grundplasma und dient als Kopiervorlage für den Aufbau körpereigener Eiweiße.
Der zweite Teilschritt wird als Translation bezeichnet. Dabei lagern sich die Ribosomen an die mRNA an. Parallel dazu binden sich im Grundplasma spezifische, aktivierte Aminosäuren an die tRNA (Transport-RNA). Durch komplementäre Basenpaarungen zwischen m- und tRNA vom Start- bis zum Stopp-Signal werden die Aminosäuren der genetischen Information nach an den Ribosomen zu einer Aminosäurekette zusammengefügt. Die Aminosäuren werden dabei enzymatisch durch Peptidbindungen miteinander zu einem Polypeptid verknüpft. Im letzten Schritt kommt es zur Ablösung des Proteins. Die Translation entspricht somit dem Prozess der Übersetzung der genetischen Information in die Aminosäuresequenz eines Eiweißes.

2.2 Zu medizinischen Zwecken können Streptomycin Tetracyclin, Rifamycin und Penicillin als Antibiotika genutzt werden. Nicht genutzt werden können Puromycin und Amanitin.

Begründung:
Streptomycin, Tetracyclin und Rifamycin hemmen ausschließlich die Eiweißsynthese bei Bakterien, da menschliche Zellen nicht über 70S-Ribosomen verfügen, die von Streptomycin und Tetracyclin beeinflusst werden und Rifamycin nur die mRNA-Synthese bei Bakterien verhindert. Penicillin hemmt die Mureinvernetzung der Bakterienzellwand. Folglich wird die vollständige Entwicklung der Bakterienzellen verhindert. Durch die genannten Wirkstoffe kann die Ausbreitung der Bakterienzellen verringert/

verhindert werden, ohne die Teilungen und Stoffwechsel menschlicher Zellen zu beeinflussen.

Puromycin hemmt die Proteinbiosynthese von Bakterien und menschlichen Zellen gleichermaßen, sodass bei dessen Einsatz neben den Bakterien auch menschliche Zellen geschädigt würden.

Amanitin wirkt ausschließlich in menschlichen Zellen. Bei dessen Einsatz würden diese absterben. Bakterien würden hingegen nicht beeinflusst werden.

3.1 Wasser und die im Pflanzendünger enthaltenen Mineralien sind für die Pflanzen Nährstoffe. Wasser ist zum einen die Grundlage für den Ablauf der Fotosynthese, da es ein Ausgangsstoff für diesen Stoffwechselprozess ist. Zum anderen reguliert es den Schließmechanismus der Spaltöffnungen und beeinflusst somit auch die CO_2-Aufnahme der Pflanzen. Es ist weiterhin ein grundlegendes Lösungs-, Transport- und Quellungsmittel sowie ein wichtiges Reaktionsmedium, da sich die meisten biologischen Reaktionen im wässrigen Milieu vollziehen.

Der Pflanzendünger stellt gelöste Nährelemente zur Verfügung, die die Pflanze ebenfalls zum Leben braucht. Die Makronährelemente, wie z. B. C, O, H, N, S, Mg, sind lebensnotwendig. Wenn nur ein Makronährelement fehlt kommt es zu Mangelerscheinungen.

3.2 **Aussage**

	richtig	falsch
a) Die Fotosynthese ist ein heterotropher Assimilationsvorgang.		✗
b) Die lichtabhängige Phase ist ein Energie transformierender Prozess.	✗	
c) In der lichtabhängigen Phase entsteht aus CO_2 der für die Atmung notwendige O_2.		✗
d) Die lichtabhängige Phase läuft am Tag, die lichtunabhängige Phase in der Nacht ab.		✗
e) O_2 ist ein Produkt der Fotosynthese.	✗	
f) Ohne CO_2 wird zuerst die lichtabhängige Phase, dann die lichtunabhängige Phase gestoppt.		✗

4.1

1	Rhizodermis:	Begrenzung der Wurzel, Aufnahme von Wasser und darin gelösten Nährsalzen
2	Wurzelhaare:	Aufnahme von Wasser und darin gelösten Nährsalzen
3	Rinde:	Stoffspeicherung
4	Leitgewebe:	Leitung von Wasser, Mineralien und Assimilaten

4.2 Das Wasser wird über die Wurzelhaarzellen aufgenommen. Sie sind durch sehr dünne Zellwände und semipermeable Zellmembranen begrenzt. Innerhalb der Wurzelhaarzellen liegt eine hohe Konzentration an gelösten Stoffen und relativ wenig Wasser vor, außerhalb der Wurzelhaarzelle befindet sich Wasser mit wenigen gelösten Stoffen. Aufgrund des Konzentrationsunterschiedes wird das Wasser durch die Wurzelhaarzellen mittels Osmose aufgenommen. Osmose ist eine Diffusion durch eine semipermeable (halbdurchlässige) Membran. Derartige Membranen lassen Wassermoleküle und bestimmte gelöste Substanzen passieren, andere gelöste Substanzen können die Membran aufgrund ihrer Teilchengröße nicht durchdringen. Die Wassermoleküle diffundieren vom Ort der höheren Wassermolekülkonzentration zum Ort der niedrigen Wassermolekülkonzentration.

4.3 Normalerweise ist die Vakuole prall gefüllt und der Zellsaft übt einen starken Druck gegen die Zellmembran aus. In einer höher konzentrierten Salzlösung (durch Überdüngung) entsteht zwischen dem Zellinneren und der Außenlösung ein Konzentrationsgefälle. Es erfolgt ein Konzentrationsausgleich unterschiedlich konzentrierter Lösungen durch die semipermeable Zellmembran mit der Folge, dass Wasser aus der Zelle austritt. Aufgrund dessen sinkt der Zellinnendruck und die Zellmembran löst sich von der Zellwand (Plasmolyse).

5.1 **Summengleichung der Fotosynthese:**

$$6\,CO_2 + 12\,H_2O \longrightarrow C_6H_{12}O_6 + 6\,O_2 + 6\,H_2O \text{ oder}$$
$$6\,CO_2 + 6\,H_2O \longrightarrow C_6H_{12}O_6 + 6\,O_2$$

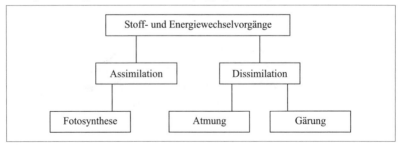

Begründung:
Bei der Fotosynthese werden körperfremde in körpereigene Stoffe umgewandelt. Die Fotosynthese ist folglich der Assimilation zuzuordnen. Energiearme anorganische Stoffe (CO_2 und H_2O) werden in energiereiche organische Stoffe umgewandelt. Damit muss der Vorgang der Fotosynthese der autotrophen Assimilation zugeordnet werden.

5.2 Die Fotosynthese läuft nur noch eingeschränkt ab, da über die Spaltöffnungen im Normalfall u. a. CO_2 aufgenommen wird. Durch den Wassermangel verschließen sich die Spaltöffnungen. Die Pflanze kann damit CO_2 nicht mehr in ausreichender Menge aufnehmen. Dadurch werden die Produkte der lichtabhängigen Reaktion nicht mehr vollständig umgesetzt und die Fotosyntheserate sinkt. Da die assimilatorischen Stoffwechselleistungen beeinträchtigt werden und somit die für das Wachstum notwendige Biomasse nicht mehr ausreichender produziert wird, führt der Wassermangel auf längere Sicht zum verminderten Wachstum der Zimmerpflanzen.
Außerdem beeinträchtigt der Wassermangel auch die weiteren Lebensfunktionen, da Wasser Lösungs-, Transport- und Quellungsmittel ist und außerdem als wichtiges Reaktionsmedium eine entscheidende Rolle spielt.

5.3 **Vermutung:** Die Laubblätter welken nicht, da durch den unbeschädigten Gefäßteil weiter Wasser aufgenommen werden kann.

Begründung: Die Pflanze stirbt ab, da die in den grünen Laubblättern bei der Fotosynthese gebildeten Assimilate (Glukose) nicht zu den anderen Pflanzenteilen, v. a. nicht bis zu den Wurzelzellen transportiert werden können, weil der Siebteil durchtrennt ist.

Schlussfolgerung: Der Transport von Wasser und von Assimilaten erfolgt über verschiedene Strukturen.

6.1 – **Versuchsreihe 1:** In dem ersten geschlossenen Behälter erlosch die Kerze nach einer gewissen Zeit. Für die Verbrennung muss also ein Luftbestandteil benötigt werden, der verbraucht wird. Im zweiten geschlossenen Behälter saß eine Maus, die nach einer gewissen Zeit starb. PRIESLEY vermutete, dass sie für die Atmung einen Luftbestandteil benötigt, der verbraucht wird. Mit dem Versuch konnte PRIESLEY zeigen, dass für die Verbrennung der gleiche Luftbestandteil wie für die Atmung benötigt wird.
– **Versuchsreihe 2:** Zuerst wurde der betreffende Luftbestandteil durch das Verbrennen einer Kerze verbraucht. Danach gab PRIESLEY grüne Pflanzen in das Gefäß (A). Setzte er dann nach einer gewissen Zeit eine

Maus in den Behälter, erstickte sie nicht (C). Auch wenn er eine brennende Kerze einführte, brannte diese weiter (B). Folglich produzieren die Pflanzen genau den Luftbestandteil, der für die Atmung und für die Verbrennung benötigt wird.

6.2 Beim Verbrennen der Kerze wird Sauerstoff verbraucht. Es entsteht Kohlenstoffdioxid. Die in dieses Gefäß gegebenen grünen Pflanzen betreiben Fotosynthese. Hier werden Kohlenstoffdioxid und Wasser unter Einwirkung von Licht auf das Chlorophyll zu Glukose und Sauerstoff umgewandelt. Es wird also Sauerstoff produziert. Diesen benötigt die Maus zum Atmen. Die Maus wiederum produziert bei der Atmung Kohlenstoffdioxid, das der Pflanze als Nährstoff für die Fotosynthese dient.

Summengleichung der Fotosynthese:

$$6\,CO_2 + 12\,H_2O \longrightarrow C_6H_{12}O_6 + 6\,H_2O + 6\,O_2$$

Summengleichung der Zellatmung:

$$C_6H_{12}O_6 + 6\,H_2O + 6\,O_2 \longrightarrow 6\,CO_2 + 12\,H_2O$$

6.3 Das aus Pflanzen und Maus bestehende System kann nur solange aufrechterhalten werden, wie sich Sauerstoff und Kohlenstoffdioxid in einem für die Lebewesen geeigneten Verhältnis befinden. Das ist u. a. von der Lichtintensität, der Beleuchtungsdauer, der Temperatur, der Menge an Wasser und der eingesetzten Anzahl der Pflanzen und Tiere abhängig. Ist das Verhältnis ausgewogen, kann ein Stoffkreislauf für einen bestimmten Zeitraum aufrechterhalten werden.

Licht ist Energiequelle für die Fotosynthese. Demzufolge wird die Produktion von Sauerstoff und Zucker durch die Lichtintensität und Beleuchtungsdauer bestimmt. Zucker und Sauerstoff sind Ausgangsstoffe für die Zellatmung von Pflanze und Maus (der die Pflanze als Nahrung dienen kann). Über diesen Prozess wird das für die Fotosynthese der Pflanze benötigte Kohlenstoffdioxid zurück gewonnen.

Auf lange Sicht kann das Ökosystem nur durch einen intakten Stoffkreislauf erhalten bleiben, bei dem abgestorbene Pflanzenteile und die Ausscheidungen der Maus durch Destruenten wieder in Mineralstoffe zerlegt werden, die die Pflanze zum Wachstum nutzen kann.

6.4 Die Pflanzen überleben eine Zeit lang, da sie in der Fotosynthese Sauerstoff bilden, den sie wiederum für die Zellatmung brauchen. In der Zellatmung wird Kohlenstoffdioxid frei, das wieder zur Fotosynthese genutzt wird. Das Wasser, das bei der Fotosynthese zum Aufbau von organischen

Stoffen verbraucht wird, wird ebenfalls durch die Zellatmung wieder bereitgestellt (siehe Summengleichung 6.2).

Nach einer bestimmten Zeit tritt aber ein Mangel an Nährsalz-Ionen auf. So fehlen z. B. Magnesium-Ionen für den Aufbau von Chlorophyll. Die Pflanzen können dadurch keine Fotosynthese mehr betreiben, verbrauchen aber weiterhin Zucker und Sauerstoff in der Zellatmung. Nach einer Zeit sind die „Energiereserven" der Pflanze aufgebraucht und sie stirbt ab.

7.1 Die Fotosyntheseleistung kann man z. B. an der Menge des gebildeten Sauerstoffs, oder der produzierten Biomasse ablesen.

7.2 Wird die Außentemperatur erhöht, steigt auch die Fotosyntheserate bis zu einem bestimmten Punkt deutlich an. Bei höherer Temperatur laufen die biochemischen Vorgänge schneller ab (Kurvenanstieg). Bei zu hoher Temperatur werden jedoch die Eiweiße, wie z. B. Enzyme, geschädigt und die Fotosynthese kann nicht mehr ablaufen (Kurve fällt ab).

Durch Erhöhung der Kohlenstoffdioxidkonzentration in der Außenluft erhalten die Pflanzen mehr Ausgangsstoff für die Fotosynthese und die Fotosyntheseleistung nimmt folglich zu (Kurvenanstieg). Bei einer bestimmten Konzentration ist die höchstmögliche Kapazität erreicht, d. h., die Leistungsfähigkeit kann nicht mehr erhöht werden (Abflachen der Kurve).

7.3 Aus den Untersuchungsergebnissen können Schlussfolgerungen für die Steigerung der Pflanzenproduktion gezogen werden:
– Steigerung der Kohlenstoffdioxidkonzentration in der Luft im Gewächshaus
– Schaffung einer optimalen Temperatur für die im Gewächshaus angebauten Pflanzen
– Erhöhung der Lichtintensität im Gewächshaus
– Anbau von Pflanzen im Freiland, die an die dort vorherrschenden Umweltbedingungen angepasst sind.

8.1 Schattenpflanzen sind an lichtarme Standorte angepasst. Zur optimalen Ausnutzung geringer Lichtintensitäten haben sie dünne Blätter mit großen Blattoberflächen und einen speziell an einen geringen Lichteinfall angepassten Fotosyntheseapparat. Schon bei geringer Sonneneinstrahlung kann so in ausreichendem Maße Fotosynthese betrieben werden, um das Wachstum der Pflanze zu gewährleisten. Durch Steigerung der Lichtintensität kann die Fotosyntheseleistung nicht erhöht werden, da der Fotosyntheseapparat von Schattenpflanzen nicht in der Lage ist, die stärkere Strahlung zu nutzen.

Schattenpflanzen haben außerdem keine speziellen Anpassungen an sonnige, trockene Standorte. Ihre großen, dünnen Laubblätter verfügen über keinen effizienten Transpirationsschutz. Bei starker Sonneneinstrahlung und hohen Temperaturen erhöht sich deshalb die Transpiration sehr stark. Zum Schutz werden die Spaltöffnungen geschlossen. Dadurch kann kein CO_2 mehr aufgenommen werden. Ein wichtiger Ausgangsstoff für die Fotosynthese fehlt und die Fotosyntheseleistung sinkt. Auf freiem Feld herrscht neben der hohen Lichtintensität auch Wind, der die Transpiration zusätzlich erhöht. Daran sind diese Pflanzen nicht angepasst. Der Standort entspricht nicht ihrer ökologischen Potenz.

8.2 Tomaten einer Sorte verfügen im Wesentlichen über die gleiche Erbinformation. Mit den Samen werden diese weitergegeben.
Die aufgrund der unterschiedlichen Bedingungen verschieden großen Tomaten sind Modifikationen. Die Größe der Früchte kann nur innerhalb der genetischen Reaktionsnorm variieren. Werden von den unterschiedlich großen Tomaten Samen gewonnen, enthalten sie alle wieder jeweils die gleichen arteigenen Erbinformationen. An den Tomatenpflanzen werden sich in Abhängigkeit von Umweltbedingungen unterschiedlich große Tomaten entwickeln.

8.3 Magnesium-Ionen werden für den Aufbau von Chlorophyll benötigt. Chlorophyll wiederum ist für den Ablauf der Fotosynthese erforderlich.
Zur Energiegewinnung wird die in der Fotosynthese aufgebaute Glukose veratmet. Aus einem Zwischenprodukt, das beim schrittweisen Abbau der Glukose entsteht, wird zusammen mit NH_4^+ (Ammonium-Ionen) die Aminosäure Glutamin gebildet. Die NH_4^+-Ionen werden von der Pflanze aus den mit dem Dünger aufgenommenen Nitrat-Ionen (NO_3^-) gewonnen. Glutamin ist Ausgangsstoff für die Synthese weiterer Aminosäuren, die die stoffliche Voraussetzung für die Proteinbiosynthese sind. Somit ist die ausreichende Versorgung mit Nitrat- und Magnesium-Ionen eine der Voraussetzungen für die Bildung pflanzlicher Eiweiße.

9.1 **Abbildung 2 – Interphase:**
Der Mitose geht eine Interphase (Phase zwischen zwei Zellteilungen) voraus. Das Chromatin ist entspiralisiert.

Abbildung 4 – Prophase:
In der Prophase entstehen durch Spiralisierung des Chromatins Zweichromatid-Chromosomen. Die Kernspindel wird ausgebildet und die Auflösung der Kernmembran beginnt.

Abbildung 5 – Metaphase:
Die Metaphase ist dadurch gekennzeichnet, dass sich die Zweichromatid-Chromosomen in der Äquatorialebene anordnen.

Abbildung 1 – Anaphase:
In der Anaphase werden die Zweichromatid-Chromosomen durch den Spindelapparat voneinander getrennt, die Chromatiden werden zu den Zellpolen gezogen.

Abbildung 6 und 3 – Telophase
In der Telophase bildet sich die Kernspindel zurück, die Kernmembran formiert sich wieder. Die Bildung von zwei erbgleichen Tochterzellen erfolgt durch die Plasmateilung und die Bildung neuer Zellmembranen.

Charakterisierung der Mitose:
Die Mitose ist eine Form der Kernteilung, bei der aus einer diploiden Körperzelle zwei genetisch identische diploide Körperzellen entstehen.

9.2 **Unterschiede:**
   – In der Prophase befinden sich Zweichromatid-Chromosomen in der Zelle. Diese sind aus zwei Einchromatid-Chromosomen aufgebaut, die am Zentromer fest miteinander verbunden sind.
   – Da die Zweichromatid-Chromosomen im Verlauf der Mitose voneinander getrennt werden, befinden sich in der Telophase Einchromatid-Chromosomen in der Zelle. Am Ende der Telophase wird die Chromosomenstruktur durch Entspiralisierungsprozesse aufgelöst, das Erbmaterial liegt in Form von Chromatin vor.

Gemeinsamkeiten:
   – Sowohl Einchromatid- als auch Zweichromatid-Chromosomen enthalten die DNA und sind damit Grundlage für die Ausbildung von Merkmalen.
   – Beide Formen bestehen chemisch aus Eiweißen und Nukleinsäuren.

9.3 Der Spindelapparat bewirkt, dass Zweichromatid- und Einchromatid-Chromosomen getrennt werden und die Einchromatid-Chromosomen an die entgegengesetzten Zellpole gezogen werden. Damit ist der Spindelapparat eine entscheidende Voraussetzung für die Zellteilung. Bei Krebskranken teilen sich bestimmte entartete Zellen des menschlichen Körpers ungehemmt, sie bilden den Primärtumor und auch eventuelle Metastasen. Setzt man Medikamente ein, die den Aufbau des Spindelapparates blockieren, können sich die Zellen nicht mehr teilen. Die Wirkung betrifft v. a. die Zellen, die sich in ständiger Teilung befinden. Deshalb wirkt das Medikament insbesondere auf Krebszellen. Ihre Teilungsrate wird eingeschränkt. Aber auch gesunde Körperzellen sind betroffen, wenn auch nicht so stark (Nebenwirkungen).

10.1 Jeder menschliche Organismus entwickelt sich aus einer Zygote. Körperzellen entstehen durch mitotische Teilungen. Die in der Mutterzelle bei der Mitose gebildeten Einchromatid-Chromosomen enthalten die gesamte Erbinformation für die Ausbildung der arttypischen Merkmale. Die identische Replikation ist Grundlage für die Bildung der Zweichromatid-Chromosomen. Die Erbinformation der beiden gebildeten Tochterzellen und die Erbinformation der Mutterzelle sind folglich identisch. Durch die Prozesse „identische Replikation" und „Mitose" ist gewährleistet, dass bei der Teilung von Körperzellen das genetische Material und somit die Erbinformation für die Ausbildung der Merkmale in den gebildeten Tochterzellen konstant bleibt.

10.2 **Konstante Merkmale:** z. B. grundlegend gleicher innerer und äußerer Bau des menschlichen Körpers, wie Aufbau des Skeletts, Gebiss
Variable Merkmale: z. B. Haarfarbe, Hautfarbe Körpergröße

Grundlage für die Weitergabe konstanter Erbinformationen auf ihre Nachkommen:
– Meiose ist die Grundlage für die Bildung haploider Geschlechtszellen, die nach der Befruchtung der Eizelle durch ein Spermium das Entstehen einer diploiden Zygote ermöglichen.
– Aus der Zygote entwickelt sich durch eine Folge mitotischer Teilungen ein menschlicher Organismus.
– Mitose und Meiose hängen eng mit der Replikation der DNA zusammen. Durch die Replikation können aus den nach Zellteilungen vorliegenden Einchromatid-Chromosomen wieder Zweichromatid-Chromosomen gebildet werden. Damit bleibt die Teilungsfähigkeit der Zellen erhalten.

Entstehung variabler Merkmale, z. B.:
– In der ersten Phase der Meiose I kommt es zur Paarung der homologen Chromosomen. Bei diesem Prozess kann es zum Bruchstückaustausch zwischen Nicht-Schwesterchromatiden (Crossing over) kommen.
– In der dritten Phase der Meiose I werden die homologen Chromosomen getrennt und auf die beiden Pole verteilt. Dabei ist die Verteilung der mütterlichen und väterlichen Chromosomen zufallsbedingt.
– Durch Umwelteinflüsse können Merkmale im Rahmen der genetischen Reaktionsnorm unterschiedlich ausgeprägt werden (z. B. Körpergewicht, Muskelaufbau).

11.1 Gemeinsamkeiten:
- Die Prozesse laufen prinzipiell in den gleichen Phasen (Pro-, Meta- Ana- und Telophase) ab.
- Grundlage für ihren Ablauf ist der Spindelapparat.
- Beide Prozesse sind Grundlagen für die Erhaltung der Art.

Unterschiede:
- Im Verlauf der Mitose werden Zweichromatid-Chromosomen in Einchromatid-Chromosomen getrennt, während bei der Meiose zuerst homologe Chromosomen voneinander getrennt werden, bevor die Trennung der Zweichromatid-Chromosomen in Einchromatid-Chromosomen erfolgt.
- Im Ergebnis der Mitose entstehen zwei erbgleiche Zellen, die einen diploiden Chromosomensatz aufweisen. Bei der Meiose werden haploide, genetisch variable Keimzellen gebildet.
- Die Mitose ist wichtig für Wachstums- und Regenerationsprozesse, außerdem ist sie Grundlage für die ungeschlechtliche Fortpflanzung. Die Meiose ist die Grundlage für die Erhaltung des arttypischen Chromosomensatzes bei der geschlechtlichen Fortpflanzung.

11.2 a) Kreuzungsschema von Versuch 2:
$RR \times gg$

	R	R
g	Rg	Rg
g	Rg	Rg

Dominant-rezessiver Erbgang

b) Möglichkeit zur Züchtung reinerbiger Pflanzen mit roten Stängeln:
Bei der Kreuzung $Rg \times Rg$ entstehen in der F_2-Generation u. a. Pflanzen mit rotem Stängel:

RR	Rg	gg
reinerbig rot	mischerbig rot	reinerbig grün
1	: 2 :	1

Von den roten Pflanzen wird zufällig ein Exemplar ausgewählt und eine Selbstbestäubung vorgenommen. Entstehen in der F_2-Generation nur Pflanzen mit rotem Stängel (Schema A), sind diese wie die Elternpflanze reinerbig (RR) und können für die weitere Züchtung verwendet werden. Entstehen in der F_2-Generation hingegen auch Pflanzen mit grünem Stängel (Schema B), handelte es sich bei der Elternpflanze um eine mischerbige (Rg) und der Versuch muss wiederholt werden.

A

	RR	RR
RR	RR	RR
RR	RR	RR

B

	R	g
R	RR	Rg
g	Rg	gg

c) Vergleich von Versuch 1 mit Versuch 2 und 3:
   Die Individuen, die in Versuch 1 entstehen, sind – genetisch gesehen –
   mit der Mutterpflanze identisch.
   Individuen, die aus dem Versuch 3 entstehen, haben ebenfalls das glei-
   che genetische Material wie die Mutterpflanze. Pollen und Eizelle der
   gleichen Pflanze verfügen über identische Körperchromosomen.
   Bei Versuch 2 entstehen neben reinerbigen Pflanzen (entsprechend den
   Eltern) auch mischerbige Varianten.

12.1 Körper- und Geschlechtszellen tragen in ihrem Zellkern Körperchromoso-
     men und Geschlechtschromosomen.
     Sie unterscheiden sich im Bezug auf deren Anzahl:

	männlich	weiblich
Körperzellen	44 Körperchromosomen	44 Körperchromosomen
	2 Geschlechtschromosomen	2 Geschlechtschromosomen
Geschlechtszellen	22 Körperchromosomen	22 Körperchromosomen
	1 Geschlechtschromosom	1 Geschlechtschromosom

12.2 Eine mögliche Ursache für das Entstehen der Trisomie 21 ist ein Fehler in
     der Chromosomenverteilung während der Meiose.
     – Der Fehler kann in der ersten Reifeteilung auftreten, wenn das homologe
       Chromosomenpaar 21 nicht getrennt wird.
     – Auch die zweite Reifeteilung kann fehlerhaft verlaufen, indem sich die
       beiden Schwesterchromatiden des Zweichromatid-Chromosoms 21 nicht
       voneinander trennen.

     Die genetische Ursache ist eine Genommutation. Im Karyogramm Betrof-
     fener ist das Chromosom 21 dreimal zu finden, es liegt demzufolge eine
     Veränderungen in der arttypischen Chromosomenanzahl vor.

12.3 Die Familie könnte eine humangenetische Beratungsstelle aufsuchen. Dort
     könnte eine Fruchtwasseruntersuchung durchgeführt werden. Bei diesem
     Verfahren wird der Schwangeren zwischen der 14. und 16. Schwanger-
     schaftswoche mit einer Kanüle Fruchtwasser aus der Fruchtblase entnom-

men. Im Fruchtwasser sind fetale Zellen zu finden, deren Chromosomensatz genau untersucht werden kann. Wenn erneut eine Trisomie 21 festgestellt wird, kann die Familie über ihr weiteres Vorgehen entscheiden.

13.1 Tierstaaten sind geschlossene, hoch organisierte Verbände aus Lebewesen einer Art. Sie zeichnen sich u. a. durch Brutpflege, Arbeitsteilung, Vorratswirtschaft und eine intensive Kommunikation zwischen den Individuen aus.

13.2 Die von dem Bienenzüchter aufgestellte Behauptung ist falsch.

Drohnen entwickeln sich aus unbefruchteten Eizellen. Diese entstehen durch Meiose. Im Ergebnis der Meiose werden genetisch variable Keimzellen gebildet. Die Variabilität wird z. B. durch meiotische Rekombination (z. B. Crossing over) erreicht.

Da die Eizellen aus denen die Drohnen entstehen genetisch variabel sind, können auch die Drohnen nicht vollkommen gleich sein.

13.3 In einem Tierstaat wird durch hoch spezialisierte Brutpflege gesichert, dass ausreichend Nachkommen herangezogen werden und so die Gemeinschaft erhalten bleibt.

Durch Arbeitsteilung wird ein geregeltes Leben im Tierstaat möglich. Im Bienenstaat realisieren die Arbeitsbienen z. B. im Laufe ihres Lebens die verschiedensten Tätigkeiten im Bau sowie bei der Futtersuche und -verteilung.

Durch die Vorratswirtschaft sind die Bienen meist ausreichend mit Nahrung versorgt und somit weitgehend unabhängig von klimatischen Schwankungen der Umwelt. Die Kommunikation ermöglicht den Staatenmitgliedern z. B. eine gerichtet Futtersuche.

Aus diesen Gründen haben sie gegenüber einzeln lebenden Organismen viele Vorteile.

14.1 Das Allel für das Merkmal „normale Flügel" (N) ist dominant gegenüber dem für das Merkmal „Stummelflügel" (s) und die Eltern müssen reinerbige Merkmalsträger sein, da in der F_1-Generation ausschließlich normalflügelige Individuen auftreten.

Folglich wurden hier Weibchen mit dem Genotyp NN mit Männchen mit dem Genotyp ss gekreuzt.

	s	s
N	Ns	Ns
N	Ns	Ns

14.2 Auf Inseln mit starkem Wind werden vermehrt Individuen mit normalen Flügeln auf das Meer geweht, weil sie im Flug, aber auch durch die Flügel selbst dem Wind eine große Angriffsfläche bieten. Individuen mit Stummelflügeln hingegen sind im Bezug auf diesen Selektionsfaktor überlegen. Folglich überleben auf den entsprechenden Inseln mehr Individuen mit dem Genotyp ss bis ins fortpflanzungsfähige Alter und zeugen Nachkommen. Diese haben, je nach Genotyp des anderen Elternteils, entweder die Allelkombination ss oder Ns. Individuen mit dem Genotyp Ns sind normalflügelig und unter dem betreffenden Umweltfaktor benachteiligt. Durch natürliche Auslese erhöht sich mit der Zeit der Anteil an Individuen mit Stummelflügeln (ss).

14.3

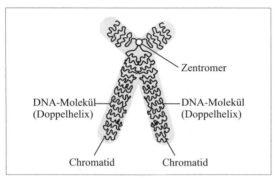

Grundlage für die Erhaltung des arttypischen Chromosomensatzes bei der geschlechtlichen Fortpflanzung ist der Prozess der Meiose.

1. Reifeteilung:
– Paarung der homologen Chromosomen, Ausbildung des Spindelapparates und Anordnen der Chromosomenpaare in der Äquatorialebene
– Durch den Spindelapparat werden die homologen Chromosomen zu den Polen gezogen
– Ausbildung einer Kernmembran. Aus einer diploiden Mutterzelle entstehen zwei Tochterzellen mit je einem haploiden Chromosomensatz (Halbierung des Chromosomensatzes).

2. Reifeteilung:
– In jeder Tochterzelle werden durch den Spindelapparat die Chromatiden der Chromosomen getrennt und auf beide Pole verteilt.
– In jeder Tochterzelle wird eine neue Kernmembran gebildet. So entstehen vier Geschlechtszellen mit je einem haploiden Chromosomensatz aus Einchromatid-Chromosomen.

Bei der Befruchtung des Eies durch das Spermium entsteht eine Zygote mit diploidem Chromosomensatz.

Die Teilung der Zygote und später der Körperzellen erfolgt durch Mitose. Durch identische Replikation wird die DNA der Einchromatid-Chromosomen verdoppelt. Im Ergebnis liegen Zweichromatid-Chromosomen vor. Bei der Mitose ordnen sich die Chromosomen in der Äquatorialebene an. Sie trennen sich jeweils in zwei Chromatiden, die durch den Spindelapparat zu den Polen gezogen werden. Nach Ausbildung der Kernmembran entstehen zwei identische diploide Tochterzellen.

Der arttypische Chromosomensatz bleibt durch die Reduktion bei der Keimzellenbildung, die Verdopplung bei der Befruchtung und die Konstanthaltung bei der Teilung von Körperzellen letztendlich über Generationen konstant.

15.1 Das Allel für das Merkmal „einfarbig" (E) ist gegenüber dem Allel für das Merkmal „gescheckt" (g) dominant und die Eltern sind reinerbige Merkmalsträger. Nur so ist es möglich, dass alle Nachkommen in der F_1-Generation einfarbig sind.
Die gescheckte Kuh hat folglich die Anlage gg und der Bulle die Anlage EE.

	E	E
g	Eg	Eg
g	Eg	Eg

1. Mendelsche Regel: Kreuzt man zwei Individuen einer Art, die sich in einem Merkmal unterscheiden, das beide Individuen reinerbig aufweisen, so sind die Individuen der F_1-Generation in diesem Merkmal gleich.

15.2 Werden Individuen der F_1-Generation gekreuzt, besteht eine 25 %ige Wahrscheinlichkeit, dass Tiere mit dem Merkmal „gescheckt" auftreten. Dieses Merkmal tritt nur bei homozygoten Merkmalsträgern (gg) auf. Werden diese Tiere untereinander gekreuzt, entstehen immer wieder reinerbige gescheckte Tiere.

15.3 **Gemeinsamkeiten:**
Das genetische Material für die Nachkommen stammt von ausgewählten Hochleistungsrindern. Durch Klonierung werden aus **einem** Embryo **mehrere** identische diploide Zellen erzeugt. Die Kälber dieses Klons sind genetisch identisch, sodass mit einer relativ gleichen Merkmalsausprägung der Nachkommen zu rechnen ist.

Unterschiede, z. B.:

Bei der ersten Methode werden die einer Hochleistungskuh entnommenen Eizellen künstlich durch Spermien befruchtet. Das genetische Material von Kuh und Bulle wird kombiniert.

Bei der zweiten Methode wird der entkernten Eizelle ein diploider Kern des Hochleistungsrindes eingesetzt, sodass das genetische Material mit dem des Elterntieres, dem der diploide Kern entnommen wurde, identisch ist.

Vorteile:

Bei beiden Methoden liefern Hochleistungsrinder das genetische Material für die Nachkommen. So werden gezielt Anlagen von erwünschten Merkmalen weitervererbt. Die Tiere tragen die Kälber aber nicht selbst aus. Dies wird von Ammenkühen übernommen. Somit wird die Nachkommenzahl von einzelnen, für die Zucht besonders wertvollen Hochleistungsrindern erhöht.

Bei der zweiten Methode wird auf Befruchtung und somit auf Kreuzung verzichtet. Die Nachkommen sind mit dem ausgewählten Hochleistungsrind genetisch identisch (Klone). Alle Nachkommen weisen somit die gleichen erwünschten Merkmale wie das Elterntier auf.

16.1 Nach der synthetischen Evolutionstheorie geht man von einer genetisch variablen Hirschpopulation aus. Der Genpool verändert sich unter anderem durch Mutation und Rekombination ständig. Nur an die jeweilige Umgebung angepasste Varianten überleben und zeugen Nachkommen (Selektionsprinzip). Sie geben ihr genetisches Material an ihre Jungen weiter. Damit setzen sich ihre spezifischen Merkmale durch.

– In den Warmzeiten lebten die Hirsche in Wäldern, die Schutz boten. Stark ausgeprägte Geweihe stellten unter diesen Bedingungen keinen Selektionsvorteil dar.

– In den Kaltzeiten muss von einer Rückbildung der Wälder ausgegangen werden, so konnte sich ein größeres Geweih entwickeln, das den Tieren Schutz bot.

16.2 **Analoge Organe** sind Organe mit unterschiedlichem Grundbauplan, die in Anpassung an gleiche Funktionen Ähnlichkeiten aufweisen.

Homologe Organe sind Organe mit gleichem Grundbauplan, die in Anpassung an unterschiedliche Funktionen spezifische Veränderungen aufweisen.

Die Abbildung a zeigt analoge Organe, da die Vordergliedmaßen des Säugetiers und des Insekts einen unterschiedlichen Grundbauplan aufweisen. Ähnlichkeiten zeigen sie aufgrund ihrer Angepasstheit an das Graben.

Die Abbildungen b, c und d zeigen homologe Organe, da die Vordergliedmaßen von Mensch und Pferd, die Vorderflügel von Vogel und Fledermaus und die Mundwerkzeuge von Insekten jeweils den gleichen Grundbauplan aufweisen. Spezifische Veränderungen sind auf unterschiedliche Funktionen zurückzuführen.

Verwandtschaftsbeleg:
Homologe Organe können als Argumente für Verwandtschaft herangezogen werden, weil ihr Grundbauplan gleich ist und sie so Hinweise auf gleiche Vorfahren geben.

17.1 Die Selbstregulation eines Mischwaldes ist die Fähigkeit, trotz seines stofflich und energetisch offenen Charakters und sich ständig verändernder Umweltfaktoren, die Zusammensetzung der Biozönose über längere Zeiträume relativ konstant zu halten. Störfaktoren, wie z. B. ein Massenbefall durch Schadinsekten, können weitgehend kompensiert werden.
Ein natürlicher Mischwald weist durch seine komplexe Struktur zahlreiche ökologische Nischen auf. Diese sind Lebensgrundlage für eine große Artenzahl. Durch die Komplexität des daraus resultierenden Nahrungsnetzes können die Störgrößen in der Regel ausgeglichen werden.

17.2 Schädliche Umwelteinflüsse sind z. B. in Folgendem zu sehen:
– Zunehmende Schadstoffbelastung der Luft
– Zunehmende Belastung des Bodens bzw. des Grundwassers

Folgen:
Die Belastung durch Luftschadstoffe führt zu der Entstehung von saurem Regen. Die Abgase aus Haushalten, Verkehr und Industrie verbinden sich mit dem Niederschlag und fallen als schwach saure Lösungen auf die Erde. Dies führt auf längere Sicht zur Übersäuerung des Bodens. Damit wird die Bodenqualität für die Pflanzen verschlechtert. Viele Pflanzen werden im Laufe der Zeit krank oder sterben im ungünstigsten Fall ab.

Möglichkeiten zum Umweltschutz, z. B.:
Da die Luftverschmutzung ein großes Problem darstellt, versuche ich durch sparsames und sinnvolles Heizen und die Nutzung von öffentlichen Verkehrsmitten anstelle meines Motorrades der Luftverschmutzung in unserer Region entgegenzuwirken.

18.1 Mischwälder haben im Vergleich zu Fichtenwäldern (Monokulturen) u. a. folgende Vorteile:
- Große Artenvielfalt
- Komplexes Nahrungsnetz
- Kompensation von Schädlingskalamitäten *Ausgleich Sch. befall*
- Aufbau einer hochwertigen Humusschicht durch Komplexität im Stoffstrom
- Gute Windbeständigkeit durch Raumstruktur des Mischwaldes

Da das Ökosystem „Mischwald" als natürliches System im Vergleich zu der Monokultur „Fichtenwald" viele Vorteile aufweist, ist die getroffene Entscheidung richtig. Mischwälder sind insgesamt stabile Systeme, Erhaltungsmaßnahmen durch den Menschen sind aus diesem Grund kaum erforderlich. Weiterhin ist auch der Erholungswert des Mischwaldes für den Menschen wesentlich höher.

18.2 Das Waldgebiet im Nationalpark Hainich soll sich ungestört entwickeln. Somit wird sich schrittweise ein ökologisches Gleichgewicht einstellen.
Die strukturreichen Laubholzbestände bieten zahlreichen Pilzen, Pflanzen und Tieren vielfältige Lebensräume. Es werden sich Arten ansiedeln, die auf diese Lebensräume spezialisiert sind; die Artenvielfalt wird steigen. Das Totholz ist Lebensraum für Insekten, Bakterien und Pilzen und wird von ihnen langsam abgebaut. Die Abbauprodukte reichern sich im Waldboden an und stehen den Pflanzen als Nährstoffe zur Verfügung.
Werden umgestürzte Bäume und abgebrochene Äste aus dem Wald entfernt, alte Bäume gefällt und das Gehölz vom Unterwuchs befreit, hat dies eine Strukturarmut des betroffenen Gebiets zur Folge. Dadurch finden weit weniger Pflanzen- und Tierarten einen Lebensraum. Auch wird sich wahrscheinlich kein ökologisches Gleichgewicht einstellen. In diesem Ökosystem findet das Rotwild optimale Bedingungen (z. B. wenige natürliche Feinde, breites Nahrungsangebot) vor und kann sich stark vermehren.
Meiner Meinung nach ist es sinnvoll, in einem Nationalpark die Natur weitgehend „sich selbst zu überlassen". Andererseits sind regulierende Maßnahmen wie die Dezimierung des Rotwildes erforderlich, um die Stabilität des Systems zu sichern.

BE

Pflichtaufgabe: Mutationen

Gorillas haben normalerweise ein dunkles Fell, doch es werden auch Individuen mit einem weißen Fell beobachtet. Albinos treten auch bei anderen Tierarten z. B. bei Rehen und verschiedenen Vögeln auf. Ursache für die Weißfärbung ist ein Farbstoffmangel.

Das Auftreten von Albinos ist nur ein Beispiel dafür, dass sich das Erscheinungsbild von Lebewesen sprunghaft verändern kann.

Fertigen Sie für eine Schülerzeitschrift einen Fachartikel zum Thema „Mutationen" an. Beziehen Sie folgende Schwerpunkte ein:

– Ursachen
– Weitergabe an Nachkommen
– Auswirkungen auf Merkmalsausbildung, Lebensprozesse des Individuums und auf den Fortbestand der betroffenen Art
– Bedeutung von Mutationen

Beziehen Sie in Ihre Darstellung geeignete Sachverhalte aus den nachfolgenden Materialien ein.

20

Material 1

Mutationen können für nachfolgende Generationen auch ohne spektakuläre Wirkung sein.

Bei der Rotbuche treten neben „normalen" Laubblättern auch purpurne, kleine, rundliche (links) und schmale, geschlitzte Laubblätter (rechts) auf.

31

Material 2

Experimente an der Fruchtfliege Drosophila haben gezeigt, dass sich Mutationsraten z. B. durch Röntgenstrahlen deutlich erhöhen lassen. Heute weiß man, dass übermäßige UV-Bestrahlung beim Sonnenbaden zu DNA-Veränderungen der Hautzellen führt und so Hautkrebs entstehen kann. Zahlreiche Versuche mit Pflanzen und Tieren beweisen, dass auch Genussmittel, Arzneimittelbestandteile, Zusätze von Kosmetika sowie Schädlings- und Unkrautbekämpfungsmittel Veränderungen des Erbgutes von Lebewesen bewirken können.

Material 3

Für die Färbung von Fell und Haut bei Tier und Mensch ist Melanin verantwortlich. Der Farbstoff basiert auf der Erbinformation mehrerer Gene. Mutationen sind ursächlich für die Störung der Synthese der „normalen" Proteine und somit für Defekte bei der Melaninproduktion verantwortlich. In einem Experiment wurden bei verschiedenen Säugetieren normalfarbige homozygote Weibchen mit einem Albinomännchen gekreuzt. Das Ergebnis waren normalfarbige Nachkommen.

Material 4

Die Sichelzellenanämie wird rezessiv vererbt. Bei dieser Krankheit nehmen die roten Blutkörperchen bei Sauerstoffmangel (z. B. bei anstrengenden Tätigkeiten) eine sichelförmige Gestalt an. Da sie nicht so elastisch sind wie normale Erythrozyten verstopfen sie die Blutkapillaren, sodass die Organe nicht ausreichend mit Sauerstoff versorgt werden. Die „Sichelzellen" werden vom Körper als krank erkannt und abgebaut, was zu Anämien (Blutarmut) führt. Reinerbige Träger des mutierten Gens haben eine deutlich verringerte Lebenserwartung.

Das defekte Gen tritt in bestimmen Regionen Afrikas mit einer Häufigkeit von bis zu 20 % auf. Diese Regionen decken sich weitgehend mit den Verbreitungsgebieten des Malaria-Erregers. Menschen, die in Bezug auf Sichelzellenanämie mischerbig sind, zeigen eine Malariaresistenz.

Normaltyp:	... – CGA – CTC – CTC – TTT – ...
Mutante bei Sichelzellenanämie:	... – GGA – CAC – CTC – TTT – ...

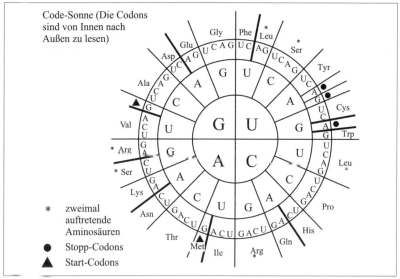

Code-Sonne (Die Codons sind von Innen nach Außen zu lesen)

Code-Sonne (Die Codons sind von Innen nach Außen zu lesen)

Material 5

Heute existierende Pflanzen sind auf gemeinsame Stammformen zurückzuführen. Vielfältigkeit entsteht unter natürlichen, aber auch unter künstlichen Bedingungen (Zucht).

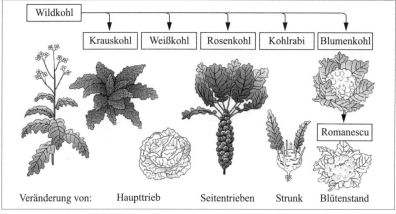

Zuchtformen des Wildkohls
Knauer, B. et al.: Natura Biologie für Gymnasien, Evolution. Klett-Verlag, Stuttgart 2007, S. 25

Viele Kulturpflanzen sind polyploid. Sie zeichnen sich gegenüber diploiden Formen z. B. durch einen üppigeren Wuchs und deutlich größere Zellen aus.

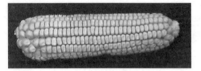 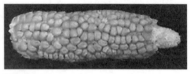

Mais (2n) Mais (4n)
Quelle: http://polyploid.agronomy.wisc.edu/material/corn.html

Material 6

Die Blutgruppen des Menschen im AB0-System sind auf Mutationen zurückzuführen. Die Blutgruppen werden durch drei unterschiedliche Allele bestimmt, von denen A und B gegenüber 0 dominieren.

Material 7

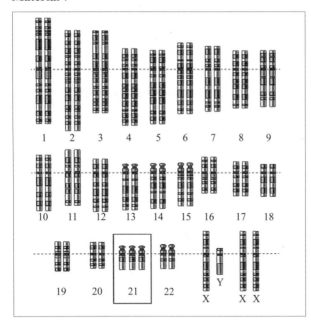

Karyogramm bei Trisomie 21
Quelle: National Human Genome Research Institute; www.genome. gov// Pages/Hyperion//DIR/ VIP/Glossary/Illus tration/trisomy.cfm

34

1 Naturwissenschaftliche Erkenntnisse spielen auch in der Landwirtschaft eine große Rolle. Der Zuckerrübenanbau erfolgt häufig in Monokultur. Aus arbeitswirtschaftlichen Gründen werden Zuckerrüben nach der Ernte am Feldrand zwischengelagert. In einem Experiment wurde auf drei Feldern die Rübenernte jeweils auf drei Haufen verteilt und unter verschiedenen Bedingungen gelagert.

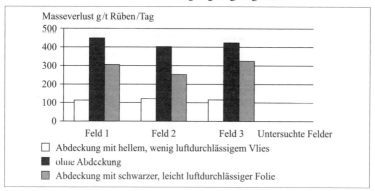

Masseverlust g/t Rüben/Tag

☐ Abdeckung mit hellem, wenig luftdurchlässigem Vlies
■ ohne Abdeckung
▨ Abdeckung mit schwarzer, leicht luftdurchlässiger Folie

1.1 Interpretieren Sie die Grafik.
Begründen Sie die Notwendigkeit einer sinnvollen Zwischenlagerung und einer schnellen Verarbeitung der Zuckerrüben.   4

1.2 Für die Herstellung von Silage werden Rübenblätter und die als „Abfallprodukte" bei der Zuckergewinnung entstehenden Rübenschnitzel, die einen Restgehalt an Zucker aufweisen, verwendet.

Mikro-organismen	optimale Bedingungen (Auswahl)	Stoffwechselprodukte
Essigsäure-bakterien	pH-Wert 3–4	Umwandlung von Alkohol zu Essigsäure
Schimmel-pilze	mit Sauerstoff werden bei pH-Wert unter 4 inaktiv, aber nicht abgetötet.	Eiweiße werden abgebaut, z. T. Bildung von Toxinen (Giftstoffe)
Fäulnis-bakterien	mit Sauerstoff über pH 5,2	Eiweiße werden zu NH_3 abgebaut.
Hefen	pH-Wert ca. 2,7–4,1	z. B. Bildung von Alkohol
Milchsäure-bakterien	pH-Wert 4–4,5	Milchsäure

Verschiedene Mikroorganismen, die am pflanzlichen Material haften, das zur Silage verwendet wird

35

a) Die Silageherstellung erfolgt in Silos oder luftundurchlässigen Folienschläuchen. Die Silierung muss zügig anlaufen. Begründen Sie diese Maßnahmen unter Verwendung der Angaben in der Tabelle.

b) Die Silage enthält einen geringen Anteil an Alkohol und Essigsäure, der beim Öffnen des Silos entweicht. Geben Sie dafür eine begründete Vermutung an. 4

1.3 Erläutern Sie die Wirkung eines biotischen und eines abiotischen Umweltfaktors auf die Fotosyntheserate bei Zuckerrübenpflanzen. 3

1.4 Erläutern Sie Vorteile und Nachteile des Anbaus in Monokultur. 3

2 Die japanische Wunderblume, an der K. CORRENS um 1900 die Mendel'schen Regeln wiederentdeckte, besitzt verschiedenfarbige Blüten und Blätter. Mit diesen Pflanzen wurde folgendes Experiment durchgeführt: Man kreuzte Wunderblumen mit mittelgrünen Blättern untereinander. Auf dem Versuchsfeld konnten nach dem Aussäen der Samen Pflanzen folgenden Phänotypen ausgezählt werden:

Farbe der Blätter	Anzahl der Pflanzen
hellgrün	393
mittelgrün	812
dunkelgrün	407

2.1 Leiten Sie den entsprechenden Erbgang ab und erklären Sie das Versuchsergebnis mithilfe eines Kreuzungsschemas. 4

2.2 Formulieren Sie die zutreffende Mendel'sche Regel. 2

Wahlaufgabe A2: Grundlagen der Vererbung, Angepasstheit von Pflanzen

1 Frau Mustermann hat ein Kind mit der Blutgruppe 0 entbunden. Die Vaterschaft ist unklar. Blutanalysen führen zu folgendem Ergebnis:

Name	Blutgruppe
Frau Mustermann	B, mischerbig
Herr Mustermann	A, reinerbig
Herr Schmidt	A, mischerbig

Beide Männer fordern eine humangenetische Beratung. Der befragte Humangenetiker geht folgendermaßen vor:
– Er skizziert ein Chromosom und erläutert seine Funktion.

– Er definiert die Begriffe: Phänotyp, Genotyp, dominant-rezessiver Erbgang und intermediärer Erbgang.

– Er definiert die Begriffe reinerbig, mischerbig, dominant und rezessiv und veranschaulicht sie am Beispiel der Blutgruppen.

– Weiterhin erklärt er den Männern unter Verwendung eines Kreuzungsschemas, wer als Vater in Frage kommt und wer ausgeschlossen werden muss.

Übernehmen Sie die Rolle des Humangenetikers.   10

2   Trockenluftpflanzen (Xerophyten) zeigen extreme Angepasstheiten an ihren Lebensraum.

2.1 Entscheiden Sie, bei welchen der gezeigten Pflanzen es sich um Xerophyten handelt. Erläutern Sie die Angepasstheit der Xerophyten an ihren Lebensraum. Beziehen Sie in Ihre Erläuterung vier Baumerkmale ein.   4

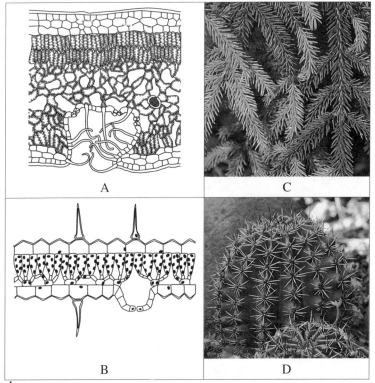

Abb. C: Dani Simmonds, www.sxc.hu; Abb. D: http://commons.wikimedia.org/ wiki/ Image: Echinopsis_tubiflora_ _plant_ %28 aka %29.jpg, Foto: André Karwath, lizenziert unter Creative Commons Attribution ShareAlike 2.5

2.2 In einem Versuch werden zwei Xerophyten der gleichen Art unter den in der folgenden Tabelle vorgegebenen Bedingungen gehalten. Beide Pflanzen werden ausreichend gegossen. Nach fünf Tagen wird in den Laubblättern beider Pflanzen ein Stärkenachweis durchgeführt.

Pflanze	Bedingungen		
	Licht	CO_2	Temperatur
1	kein Licht; abgedunkelt	erhöhte Konzentration	27 °C
2	Starklicht	erhöhte Konzentration	27 °C

Erklären Sie die zu erwartenden Versuchsergebnisse unter Beachtung aller ablaufenden Stoffwechselvorgänge.   6

38

Lösungen

Pflichtaufgabe

Mutationen sind Veränderungen der genetischen Information.
- Sind **Körperzellen** betroffen, kann die genetische Veränderung auf Tochterzellen übertragen werden. Das mutierte genetische Material wird (bei sexueller Fortpflanzung) jedoch nicht auf die Nachkommen übertragen.

Sind **Geschlechtszellen** betroffen, wird bei der Fortpflanzung das mutierte genetische Material auf die Nachkommen übertragen. Während der Entwicklung von der Zygote zum ausgewachsenen Individuum ist das mutierte Material in den Körperzellen aktiv und gelangt bei der Bildung von Keimzellen auch in Eizellen oder Spermien. Das mutierte Material wird dadurch an die nächste Generation weitergegeben.

Mutationen werden durch **Mutagene** ausgelöst. Dies kann auf natürlichem Wege, aber auch künstlich erfolgen. Man unterscheidet physikalische und chemische Mutagene. Zu den physikalischen Mutagenen zählen z. B. UV- und Röntgenstrahlen, zu den chemischen Mutagenen zählen z. B. Stoffe, die in einigen Schädlings- und Unkrautbekämpfungsmitteln enthalten sind.

Welche Auswirkungen haben Mutationen auf das Erbmaterial und die Merkmalsausbildung?

Durch Mutationen wird das genetische Material und somit die Erbinformation verändert, z. B.:

a) Ersetzen einer Base durch eine andere Base

Durch Veränderung einer Base kann bei der Translation ein Peptid mit einer veränderten Aminosäuresequenz entstehen. Dadurch wird es seiner Funktion, z. B. als Enzym, nicht mehr gerecht und es kann zu Veränderungen im Stoffwechsel kommen.

Ein solcher Fall ist z. B. im Material 3 dargestellt:
statt – Ala – Glu – Val – Phe – wird – Pro – Val – Val – Phe – gebildet.

b) Veränderung der Chromosomenanzahl

Das kann einzelne Chromosomen betreffen: Wenn z. B. bei der Zellteilung der Spindelapparat nicht alle Chromosomenpaare oder Chromatiden exakt auseinander zieht, können Tochterzellen mit überzähligen oder mit weniger Chromosomen entstehen. Dies ist z. B. bei der Trisomie 21 der Fall. Bei dieser Krankheit liegt das Chromosom Nr. 21 in dreifacher, statt wie üblich in zweifacher Ausführung vor. Betroffene zeigen u. a. verminderte geistige Fähigkeiten.

Wird der Spindelapparat überhaupt nicht ausgebildet, wird keines der Chromosomenpaare getrennt. In der Folge entstehen Zellen mit verdoppeltem Chromosomensatz (4n). Bei vielen Lebewesen sterben diese ab und entwickeln sich nicht weiter. Viele Kulturpflanzen hingegen sind so aus Wildformen entstanden. Die erhöhte Anzahl an Chromosomensätzen wirken sich bei ihnen positiv auf Wachstum und Samenbildung aus.

Welche Folgen haben Mutationen für das betreffende Individuum und seine Nachkommen sowie für den Fortbestand der Art?

Mutationen können sich auf die Proteinbiosynthese und somit auf die Merkmalsausbildung auswirken.

Folgen für Individuen und ihre Nachkommen:
- Nachteilige Auswirkungen für das Individuum und evtl. seine Nachkommen zeigen sich z. B. in Erbkrankheiten und Krebs (z. B. Ausfall eines Enzyms bei PKU, Bildung von Krebszellen in der Haut durch Mutation aufgrund von UV-Bestrahlung beim Sonnenbaden)
- Neutrale Auswirkungen haben auf das Individuum und seine Nachkommen keinen spürbaren Effekt (z. B. von der Norm leicht abweichende Laubblattformen, veränderte Haarfarben bei Menschen).
- Begünstigende Auswirkungen werden z. B. bei der Erbkrankheit Sichelzellenanämie deutlich. Menschen, die das mutierte Gen mischerbig tragen, sind gegenüber Malaria resistent. Sie haben somit in Gebieten, in denen Malaria häufig auftritt, gesundheitliche Vorteile.

Folgen für den Fortbestand der Art:
Treten nachteilige Mutationen in der Population sehr selten auf, hat das zwar Auswirkungen auf das betroffene Individuum selbst, aber nicht unbedingt auf den Fortbestand der Art.
Verschiedene Mutationen können Grundlage für das Aussterben, aber auch für Neubildungen von Sorten, Rassen und Arten sein.
- Merkmale durch die Tiere und Pflanzen schlechter an ihre Umwelt angepasst sind wirken sich negativ aus. Dies kann zur Verringerung der Individuenzahl einer Art führen. Betroffene Individuen werden öfter selektiert (z. B. fallen Fressfeinden zum Opfer). Diejenigen, die dieses „nachteilige" Merkmal nicht haben, kommen im Verhältnis häufiger zur Fortpflanzung. Die mutierten Gene werden dann nur selten weitervererbt. Die Art bleibt erhalten. Ein Beispiele dafür sind z. B. Albinos.
- Manchmal zeigen sich Mutationen erst dann, wenn die betreffenden Allele homozygot auftreten. Im Bezug auf Albinos (Material 3) gilt, dass homozygote Individuen aufgrund des seltenen Auftretens der Mutation in der Population kaum vorkommen. Die überwiegende Zahl der möglichen Sexualpartner eines

Albinos ist im Bezug auf das Albino-Allel normalerweise homozygot „gesund". Das Merkmal kann jedoch nur dann auftreten, wenn bei beiden Partnern das mutierte Alle mindestens heterozygot vorliegt. In diesem Fall tritt das Merkmal in der F_1-Generation mit einer Wahrscheinlichkeit von 25 % homozygot auf.

- Wirkt sich die Mutation auf die Individuen neutral oder vorteilhaft aus, kann sie die Voraussetzung für Variation und Vielfalt innerhalb einer Art sein oder sogar die Basis für neue Arten bilden.
- Die durch Züchtung entstandenen Tierrassen und Pflanzensorten weisen gegenüber den Wildformen veränderte Merkmale auf. Beim Anbau dieser Pflanzen und bei der Haltung dieser Tiere wird darauf geachtet, dass keine natürliche Selektion stattfindet. So können die Variationen über Generationen erhalten werden (z. B. Haustiere und Kulturpflanzen).

Die **Bedeutung** von Mutationen zeigt sich in Folgendem; Sie sind:
- Voraussetzung für die Vielfalt in der Natur
- Grundlage für die Züchtung von Pflanzen und Tieren (z. B. leistungsfähige Sorten und Rassen)
- Ursache für genetische Erkrankungen

Wahlaufgabe A1

1.1 Interpretation der Grafik:
Bei den Rüben, die mit Vlies oder mit Folie abgedeckt sind, ist gegenüber den Rüben ohne Abdeckung ein geringerer Masseverlust zu verzeichnen. Bei der Vliesabdeckung ist der Verlust noch einmal deutlich geringer als bei der Abdeckung mit schwarzer Folie.

Ursache des Masseverlustes ist die Zellatmung. In deren Verlauf wird in den Zellen Glukose zu Kohlenstoffdioxid und Wasser abgebaut.

Durch das Vlies und die Folie wird die Sauerstoffzufuhr eingeschränkt. Das bei der Atmung entstehende CO_2 reichert sich unter den Abdeckungen an. Dadurch wird die Zellatmung gehemmt. Da die schwarze Folie sehr viel Licht absorbiert, erhöht sich in der damit abgedeckten Rübenmiete die Temperatur, sodass sich die Atmungsaktivität im Vergleich zu der mit dem hellen Vlies abgedeckten Miete verstärkt. Aus diesem Grund wird unter der Folie mehr Glukose abgebaut.

Begründung für sinnvolle Zwischenlagerung:
Zwar kommt es unabhängig von der Lagerung zum Masseverlust durch den Abbau von Glukose durch Zellatmung, aber durch eine Lagerung, die die Atmungsaktivität vermindert, wird weniger Zucker abgebaut. Um mög-

lichst hohe Erträge und Gewinne zu erzielen, müssen deshalb richtige Lagerbedingungen eingehalten und die Rüben möglichst zeitnah verarbeitet werden.

1.2 **a) Begründung der Maßnahmen:**

Silo und Folienschläuche sind geeignet, weil sie die für Milchsäurebakterien notwendige sauerstofffreie (anaerobe) Atmosphäre gewährleisten. Mit der Füllung gelangt eine gewisse Menge Sauerstoff in das Silo bzw. den Folienschlauch. Durch die Aktivität von Fäulnisbakterien und Schimmelpilzen werden unter aeroben Bedingungen Eiweiße abgebaut. Es können Toxine entstehen. Nach Verbrauch des Sauerstoffs herrschen anaerobe Bedingungen, die förderlich für die Aktivität der Milchsäurebakterien und Hefen sind. Durch die entstehende Milchsäure sinkt der pH-Wert auf 4,5–4. Dies führt zum Absterben bzw. zur Inaktivität der unerwünschten Bakterien und Pilze (außer Hefen).

Die Bedingungen für die Milchsäuregärung sollten von Anfang an optimal sein (anaerobe Bedingungen), damit möglichst zeitnah Milchsäure produziert wird, die aufgrund ihres pH-Werts die Aktivität störender Mikroorganismen einschränkt.

b) Vermutung:

An den Pflanzen befinden sich Sporen von verschiedenen Hefepilzen und Bakterien. In den sauerstofffreien Räumen werden Hefepilze tätig und bilden Alkohol.

Durch Veränderung des pH-Wertes werden Milchsäurebakterien aktiv. Aufgrund der weiteren pH-Wert-Erhöhung kommt es zur Inaktivierung der Hefen. Der gebildete Alkohol kann in Zwischenräumen, die Restsauerstoff enthalten, von Essigsäurebakterien in Essig umgewandelt werden.

1.3 **Abiotische Faktoren:** z. B. Wasser und Licht

Wasser ist ein Ausgangsstoff der Fotosynthese. In den Chloroplasten werden mithilfe von Lichtenergie Wassermoleküle gespalten. Die so bereit gestellte chemische Energie wird benötigt, um Kohlenstoffdioxid schrittweise in Glukose umzuwandeln. Wasser ist außerdem wichtig für die Aufrechterhaltung des Zellinnendrucks und zur Gewährleistung der Funktion der Spaltöffnungen. Nur bei entsprechendem Turgor der Zellen wird der Spalt geöffnet und das benötigte Kohlenstoffdioxid kann aufgenommen werden. Wasser dient auch als Lösungs- und Transportmittel für Nährsalze und Glukose. Viele Stoffe werden in gelöster Form aufgenommen und innerhalb der Pflanze transportiert. Das gilt z. B. für Nährsalze, die zum Teil für die Bildung des Chlorophylls erforderlich sind.

Biotischer Faktor: z. B. Schädlinge
Schädliche Insekten fressen oder saugen an den Pflanzenteilen, sodass diese geschädigt werden. Es werden Nährstoffe entzogen oder Gewebe wie z. B. Wurzelhaare oder Laubblätter zerstört, sodass die Pflanze nicht mehr genügend Wasser aufnehmen kann, bzw. ihre Fotosyntheseleistung eingeschränkt wird.

1.4 Vorteil von Monokulturen:
- Die Pflege (z. B. Düngung) kann sich speziell auf die jeweils angebauten Pflanzen richten.
- Pflege und Ernte der angebauten Pflanzen können maschinell erfolgen.
- Alle Pflanzen können zur gleichen Zeit abgeerntet werden.

Nachteile von Monokulturen:
- Monokulturen sind nicht in der Lage zur Selbstregulation, d. h. sie sind auf Pflege angewiesen. „Unkräuter" und „Schädlinge" nehmen oft überhand, wenn sie in der Kultur optimale Bedingungen finden (z. B. spezifisches Nahrungsangebot). Zum Schutz der Nutzpflanzen werden oft Herbizide und Pestizide eingesetzt, die Rückstände in den Pflanzen und im Boden hinterlassen.
- Nach der Ernte entstehen unbewachsene Bodenflächen, die Regen und Wind ausgesetzt sind.
- Waldflächen, die vollständig abgeholzt und mit einer Monokultur wieder aufgeforstet werden, bieten weitaus weniger Lebensräume für Pflanzen und Tiere als naturnahe Wälder.

2.1 Entsprechend dem Spaltungsverhältnis und dem Auftreten von drei Phänotypen handelt es sich um einen intermediären Erbgang.
Das bedeutet, dass die Allele für das Merkmal Blattfarbe gleichwertig sind.
Die Elternpflanzen sind laut Angabe mittelgrün und daher mischerbig.
helle Laubblätter: hh
dunkle Laubblätter: dd
mittelgrüne Laubblätter: hd
Der ausgebrachte Samen enthält: hd

	h	d
h	hh	hd
d	hd	dd

Theoretisch entsteht demnach ein Verhältnis von:

1   :   2   :   1

hellgrün (hh) : mittelgrün (hd) : dunkelgrün (dd)

Dieses Verhältnis entspricht annäherungsweise dem Versuchsergebnis.

2.2   **2. Mendelsche Regel:** Kreuzt man Individuen der F_1-Generation untereinander, so erhält man in der F_2-Generation eine Aufspaltung der Merkmale
in festen Zahlenverhältnissen. Bei einem intermediären Erbgang: 1 : 2 : 1.

Wahlaufgabe A2

---

1   **Beschriftete Skizze eines Chromosoms**

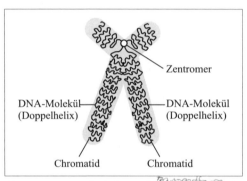

Zentromer

DNA-Molekül (Doppelhelix)

DNA-Molekül (Doppelhelix)

Chromatid   Chromatid

Chromosomen sind die stofflichen Träger der Erbinformation. Die zusam-
mengehörigen Chromatiden enthalten jeweils identische Gene. Jeweils ein
väterliches und ein mütterliches Chromosom bilden ein homologes Chro-
mosomenpaar.

Bei der Zellteilung (Mitose) wird das Erbgut über Einchromatid-Chromosomen – aus denen nach Abschluss der Teilung wieder Zweichromatid-
Chromosomen synthetisiert werden – identisch an die beiden Tochterzellen
weitergegeben.

Bei der Keimzellenbildung (Meiose) werden mütterliche und väterliche
Chromosomen zufällig auf die Keimzellen verteilt.

Definitionen:

– Phänotyp: „Erscheinungsbild" eines Lebewesens

– Genotyp: Gesamtheit der in den Genen verschlüsselten Erbinformationen einer Zelle bzw. eines Organismus

- Dominant-rezessive Merkmalsausbildung: Das dominante Allel des für die Ausbildung des Merkmals verantwortlichen Allelpaares bestimmt allein die Ausprägung des Phänotyps.
- Intermediäre Merkmalsausbildung: Beide Allele des für die Ausbildung des Merkmals verantwortlichen Allelpaares sind gleichwertig und bestimmen gleichermaßen die Ausprägung des Phänotyps.

Definitionen und Beispiele:
- Reinerbig: Alle für die Ausbildung eines Merkmals verantwortlichen Allele eines Chromosomenpaares sind gleich: z. B. AA, 00, BB
- Mischerbig: Die für die Ausbildung eines Merkmals verantwortlichen Allele eines Chromosomenpaares sind verschieden, z. B. A0, B0
- Dominantes Allel: Das dominante Allel ist stärker an der Merkmalsausbildung beteiligt als das nicht dominante. Es ist merkmalsbestimmend, z. B. A und B sind 0 überlegen.
- Rezessives Allel: Das Allel ist bei der Merkmalsausbildung dem anderen Allel „unterlegen", z. B. 0 ist A und B „unterlegen".

Klärung der Vaterschaft:
0 ist gegenüber A und B rezessiv.
Mutter: B mischerbig, folglich B0
Mann 1: A reinerbig, folglich AA
Mann 2: A mischerbig, folglich A0

Nur durch die Kombination von B0 mit A0 ist es möglich, dass die Blutgruppe 00 entsteht:

	B	0
A	AB	A0
0	B0	00

Herr Mustermann scheidet als Vater aus; Herr Schmidt kommt als Vater in Frage.

2.1   A, C und D sind Xerophyten.

Xerophyten zeichnen sich durch typische Baumerkmale aus, z. B.:
- Die Spaltöffnungen sind eingesenkt. Die Wasserdampfkonzentration der Luft ist in dieser geschützten Lage erhöht, sodass die Funktion der Spaltöffnungen (CO_2-Aufnahme) aufrechterhalten werden kann und gleichzeitig, wegen des geringeres Konzentrationsgefälles zwischen innen und außen, weniger Wasserdampf abgegeben wird.

- Die Epidermis mit dicker Außenwand und Kutikula dient dem Schutz und bewirkt, dass weniger Wasser verdunstet. Durch die verstärkten Zellwände behalten die Zellen auch bei niedrigem Turgor ihre Form.
- Durch kleine, fehlende oder eingerollte Laubblätter, abgestorbene Haare, kugel- oder säulenförmigen Wuchs (Oberflächenverringerung) wird eine geringere Wasserabgabe gewährleistet.
- Bei Blatt- und Stammsukkulenz sind die betreffenden Teile zur Wasserspeicherung fähig. So können längere Trockenperioden überdauert werden.

2.2 Bei Pflanze 2 wird der Stärkenachweis positiv sein, bei Pflanze 1 negativ oder nur schwach positiv.

Stärke ist ein sekundäres Assimilationsprodukt. Voraussetzung für ihre Bildung ist die bei der Fotosynthese produzierte Glukose. Bei ausreichender Verfügbarkeit von Licht und Wasser wird mithilfe von Chlorophyll Lichtenergie in chemische Energie umgewandelt und ein Reduktionsmittel gebildet. Beides ist notwendig, um Kohlenstoffdioxid schrittweise in energiereiche Glukose umzuwandeln. Eine Erhöhung der Kohlenstoffdioxidkonzentration bewirkt eine Erhöhung der Fotosyntheseleistung. Für einen optimalen Ablauf der Prozesse ist außerdem eine bestimmte Temperatur erforderlich (Abhängigkeit der Enzyme von der Temperatur).

In Versuch 1 fehlt Licht als Energiequelle. Damit ist es der begrenzende Faktor. Die Fotosynthese kann nicht ablaufen. Die Optimierung weiterer Faktoren spielt folglich keine Rolle.

In Versuch 2 kann die Fotosynthese optimal ablaufen. Die gebildete Glukose wird in bestimmten Zellen in den Speicherstoff Stärke umgewandelt.

BE

Pflichtaufgabe: Mukoviszidose

Bei dem neugeborenen Kind eines phänotypisch gesunden Elternpaares wird Mukoviszidose diagnostiziert. Da weiterer Kinderwunsch besteht, suchen die Eltern einen Humangenetiker auf, um sich über das Krankheitsbild der Mukoviszidose, deren Ursachen, den der Krankheit zu Grunde liegen den Erbgang und das Erkrankungsrisiko weiterer Nachkommen genau zu informieren.
Erstellen Sie eine Informationsschrift für die Eltern. Zeigen Sie auch eine Möglichkeit für zukünftige Therapien auf und bewerten Sie diese. Beziehen Sie in Ihre Darstellung geeignete Sachverhalte aus den nachfolgenden Materialien ein.

20

Material 1

Mukoviszidose, auch Cystische Fibrose genannt, ist eine bisher unheilbare Stoffwechselkrankheit. Dabei handelt es sich um die häufigste erbliche Stoffwechselerkrankung unserer Bevölkerung. Statistisch gesehen, trägt etwa jeder 25. Bundesbürger das Gen in sich, das die Krankheit verursacht. In der Bundesrepublik haben etwa 8 000 bis 10 000 Kinder und junge Erwachsene Mukoviszidose.

Material 2

Genabschnitt des codogenen Strangs der DNA

bei einem gesunden Menschen: ... TAGTAGAAACCACAA ...
bei einem an Mukoviszidose
erkrankten Menschen: ... TAGTAACCACAA ...

Mukoviszidose tritt nur dann auf, wenn beide Eltern Erbträger sind. Durch den Gendefekt werden spezielle Proteine verändert, sodass die Kanäle in den Zellmembranen, durch die Chlorid-Ionen transportiert werden, nicht funktionieren. Die Abgabe dieser Ionen aus den Drüsenzellen ist daher stark eingeschränkt. Die erhöhte Konzentration an Chlorid-Ionen in der Zelle führt zur Aufnahme von Natrium-Ionen, sodass es zur Anreicherung von Natriumchlorid in den Zellen kommt. Die Erkrankung zeigt sich darin, dass körpereigene Sekrete eingedickt produziert werden. Ein zäher Schleim verklebt so vor allem Lunge, Darm und Bauchspeicheldrüse. Schrittweise verlieren die Organe ihre Funktionstüchtigkeit.

Material 3

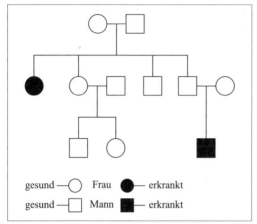

Stammbaum zur Mukoviszidose

Material 4

Sekrete der Bronchien sind Nährboden für zahlreiche Bakterien wie *Pseudomonas aeruginosa* sowie Hefen wie *Aspergillus fumigatus*.

Material 5

Mukoviszidose lässt sich relativ einfach diagnostizieren. In einem Schweiß-test wird der erhöhte Chlorid-Ionen-Anteil nachgewiesen.
Zum Therapieprogramm eines Mukoviszidose-Patienten gehören neben der Einnahme von vielen Medikamenten wie z. B. Verdauungsenzymen eine energiereiche Ernährung, Sport und vor allem eine spezielle Krankengym-nastik. Dazu zählen vor allem in Belgien ursprünglich für die Asthmatiker entwickelte Atemwegstherapien und dem Yoga entlehnte Dehnübungen. Die meisten Betroffenen müssen regelmäßig Antibiotika einnehmen.

Material 6

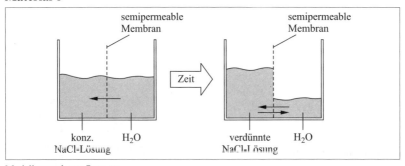

semipermeable Membran

Zeit

konz. NaCl-Lösung   H₂O

semipermeable Membran

verdünnte NaCl-Lösung   H₂O

Modellversuch zur Osmose

Material 7

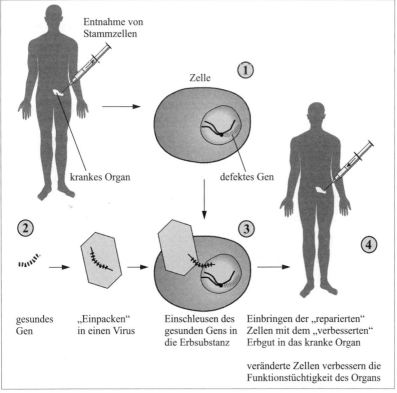

Entnahme von Stammzellen

Zelle ①

krankes Organ

defektes Gen

② ③ ④

gesundes Gen

„Einpacken" in einen Virus

Einschleusen des gesunden Gens in die Erbsubstanz

Einbringen der „reparierten" Zellen mit dem „verbesserten" Erbgut in das kranke Organ

veränderte Zellen verbessern die Funktionstüchtigkeit des Organs

Das Prinzip der Gentherapie
Unter die Lupe genommen – Biomedizin-Gentechnik-Ethik; Diakonie Sachsen, Radebeul,
DiakoniePublik 3/2001; www.krause-schoenberg.de

Wahlaufgabe A1: Naturnaher Mischwald – Monokultur, Stoffwechsel pflanzlicher Zellen

1   Der Vogel des Jahres 2006 war der Kleiber, ein kleiner Singvogel, der in den Wäldern Deutschlands weit verbreitet ist. Er kann als einziger Vogel stammabwärts laufen. Sein Name bezieht sich auf seine Fähigkeit, den Eingang seiner Bruthöhle durch „Kleibern" (Kleben) von Lehmkügelchen auf die eigene Körpergröße zu verkleinern. Er ernährt sich v. a. von Insekten, Spinnen und Samen. Als Nistplatz bevorzugt er durch Fäulnis entstandene oder von Spechten angelegte Höhlen („Nachmieter"). Auf 10 ha findet man unter optimalen Bedingungen 1–2 Brutpaare.

Kleiber
Foto: Vertigogen; http://commons. wikimedia.org/wiki/Image:Sitta_europaea_ Wales.jpg, lizenziert unter Creative Commons Attribution ShareAlike 2.0

1.1   Vergleichen Sie die Struktur eines naturnahen Mischwaldes mit der einer Fichten-Monokultur.   3

1.2   Seit Anfang der 90er-Jahre hat der Kleiberbestand in Deutschland schrittweise um etwa zwölf Prozent zugenommen. Der leicht positive Trend ist vermutlich auf eine naturnahe Bewirtschaftung von Laub- und Mischwäldern zurückzuführen. Begründen Sie, welche abiotischen und biotischen Faktoren die Ansiedlung des Kleibers begünstigen.
Erläutern Sie an einem Beispiel, dass die Populationsgröße des Vogels durch Umweltfaktoren beeinflusst werden kann.   4

2   Assimilations- und Dissimilationsprozesse sind Merkmale aller lebenden Zellen.

2.1   Fertigen Sie eine beschriftete Skizze vom Laubblattquerschnitt einer Samenpflanze an.
Erläutern Sie am Beispiel der Spaltöffnung den Zusammenhang von Struktur und Funktion.   6

2.2 Die Kenntnis der biochemischen Vorgänge macht es möglich, die Menge des bei der Fotosynthese gebildeten Sauerstoffs bei festgelegten Bedingungen zu berechnen.

In einem Experiment werden Pflanzen unter entsprechenden Bedingungen über 48 Stunden in Glasflaschen aufbewahrt. Über eine Schlauch-Ableitung wird die in der Glasflasche gebildete Sauerstoffmenge gemessen.

a) Formulieren Sie die Summengleichung für die Fotosynthese

b) Stimmen die berechnete und die gemessene Sauerstoffmenge überein? Geben Sie eine begründete Vermutung für das Ergebnis ab.

c) Erläutern Sie an einem Beispiel, dass der Prozess der Fotosynthese beeinflussbar ist.

6

2.3 Übernehmen Sie die folgende Tabelle in Ihre Arbeit und ordnen Sie die folgenden Begriffe richtig ein.

2

energiearme Stoffe	heterotrophe Ernährung
organische Stoffe	Zelle des Palisadengewebes
energiereiche Stoffe	autotrophe Ernährung
anorganische Stoffe	Wurzelhaarzelle

	Zellen mit Chloroplasten	Zellen ohne Chloroplasten
Ernährungsweise		
Art der aufgenommenen Stoffe		
Energiegehalt der aufgenommenen Stoffe		
Beispiele für solche Zellen		

Wahlaufgabe A2: Beeinflussung von Atmung und Fotosynthese, Zellteilung, Mutation – Modifikation

1 Früchte sind eine notwendige Bereicherung des menschlichen Speiseplans. Ihre ernährungsbiologischen Werte sind bekannt. Birnen zählen dabei zu den oft verkannten Delikatessen. Die geschmackliche Vielfalt der vielen Birnensorten wird von kaum einer anderen Frucht übertroffen.

Sorte	Einlagerungs masse	Masse nach 7 Monaten Lagerzeit
Gute Luise	125 kg	107 kg
Williams Birne	270 kg	226 kg
Konferenzbirne	80 kg	68 kg
Packhams Triumph	100 kg	87 kg
A. Lucas	75 kg	63 kg

1.1 Erklären Sie den Masseverlust bei der Lagerung der Birnen und geben Sie die Summengleichung für den hier zu Grunde liegenden Stoffwechselprozess an.　　3

1.2 Begründen Sie zwei Maßnahmen zur verlustarmen Lagerung von Obst.　　2

1.3 Viele ertragreiche Birnensorten sind tetraploid, d. h. sie haben einen vervielfachten Chromosomensatz (4n). Sie entstehen unter natürlichen Bedingungen, können aber auch durch den Einsatz eines Spindelgiftes erzeugt werden.
Veranschaulichen Sie die Entstehung tetraploider Pflanzenzellen (4n) in einer beschrifteten Skizze.　　2

2 An bestimmten Baumerkmalen des Laubblattes sind genetische Angepasstheiten an den Standort, aber auch Modifikationen erkennbar.

2.1 Nennen Sie für die folgenden Beispiele jeweils den entsprechenden Standort und begründen Sie Ihre Zuordnung.
a) Großflächige Blätter
b) Blätter mit dicker Kutikula
c) Blätter mit toten Haaren
d) Dünne, zarte Blätter　　4

2.2 An Rotbuchen findet man in Abhängigkeit von ihrer Position am Baum Laubblätter, die spezifische Ausprägungen zeigen. Erläutern Sie an diesem Beispiel den Zusammenhang von Struktur und Leistungsfähigkeit. Begründen Sie, dass es sich um Modifikation handelt. 3

2.3 In einem Experiment werden gleich große Pflanzen verschiedenen Bedingungen ausgesetzt.

Versuch	1	2	3	4	5
Luft	normal	mit CO_2 ange- reichert	mit CO_2 ange- reichert	CO_2- arme Luft (mit O_2 ange- reichert)	mit CO_2 ange- reichert
Licht	normale Licht- stärke	Stark- licht	Stark- licht	Stark- licht	abge- dunkelt
Tempe- ratur	20 °C	30 °C	10 °C	30 °C	30 °C

Die Menge des produzierten Sauerstoffs wird jeweils gemessen.
Ordnen Sie folgende Ergebnisse den Versuchen zu:
a) 5 mL   b) 0 mL   c) 20 mL   d) 10 mL   e) 40 mL
Interpretieren Sie die Versuchsergebnisse. 5

Lösungen

Pflichtaufgabe

Erstellen einer Informationsschrift:

Mukoviszidose ist eine erblich bedingte Krankheit deren **Ursache** ein Gendefekt am Chromosom 7 ist. Bei den Betroffenen wird wegen einer Veränderung der DNA-Basensequenz ein nicht funktionsfähiges Protein synthetisiert. Im betreffenden Bereich der Aminosäurekette wird anstatt der normalen Sequenz – Ile – Ile – Phe – Gly – Val – die fehlerhafte Sequenz – Ile – Ile – Gly – Val – gebildet. Es fehlt die Aminosäure Phe (Phenylalanin).

Die **Auswirkung** dieses Gendefekts zeigt sich an der Funktion von Transportkanälen in Zellmembranen. Die Kanäle sind verändert wodurch der Transport von Chlorid-Ionen gehemmt wird. Chlorid-Ionen wirken osmotisch. Den betreffenden Sekreten wird somit Wasser entzogen und sie sind zähflüssig.
In Organen wie Lunge, Bauchspeicheldrüse, Dünndarm und Schweißdrüsen wird daher zähflüssiger Schleim gebildet.
Zähflüssiger Schleim in den Bronchien führt zu ständigem Husten und zu Lungenentzündungen. Durch Verschleimung von Drüsen und Organen können diese ihrer normalen Funktion nicht mehr nachkommen. Die Folge sind z. B. Stoffwechselstörungen, Mangelernährung und eine damit verbundene Einschränkung der Lebensqualität.

Mukoviszidose wird **autosomal rezessiv** vererbt (ableitbar aus Material 3):
Die Rezessivität zeigt sich darin, dass die Betroffenen phänotypisch gesunde Eltern haben können. Dass es sich um einen autosomalen Erbgang handelt kann daraus abgeleitet werden, dass eine kranke Tochter einen phänotypisch gesunden Vater haben kann.

Bei erneutem Kinderwunsch des Paares ist mit einer 25 %igen Wahrscheinlichkeit zu rechnen, dass ein Kind mit Mukoviszidose geboren wird da beide Eltern rezessiv Träger des mutierten Gens sind:

	A	a
A	AA	Aa
a	Aa	aa

Es gibt verschiedene **Therapiemöglichkeiten**, die die Symptome der Erkrankung aber lediglich lindern:

– Der Einsatz von Antibiotika ist erforderlich, weil die verschleimten Organe einen Nährboden für verschiedene Bakterien bieten und so zu chronischen Entzündungen führen. Der Antibiotikaeinsatz ist jedoch problematisch. Bakterien, die gegen ein bestimmtes Antibiotikum resistent sind, werden durch dieses nicht vernichtet. Sie können sich im Organismus weiter vermehren und ausbreiten. Die Entzündung kann mit dem betreffenden Antibiotikum nicht vollständig ausheilen. Resistente Bakterien können im Körper verbleiben und chronisch Entzündungen auslösen. Es ist ein Einsatz ständig wechselnder Antibiotika notwendig. Die resistenten Bakterien können auch auf andere Personen übertragen werden und sich in der Bevölkerung ausbreiten.

– Durch gezielte Krankengymnastik und durch Sport können die Atemwege gedehnt, der Schleim gelöst und die betreffenden Muskeln des Brustkorbs gestärkt werden.

– Die Erkrankten benötigen eine hochkalorische Kost, weil aufgrund der Verschleimung nur ein geringer Teil der im Dünndarm vorhandenen Nährstoffe über die Darmzotten aufgenommen werden kann.

– Durch die Gabe von Verdauungsenzymen wird die gestörte Funktion der Drüsen im Dünndarm ausgeglichen. Nur bei Vorhandensein der betreffenden Enzyme kann die Verdauung der aufgenommenen Nahrung erfolgen und die niedermolekularen Nährstoffe bereitgestellt werden.

– Durch Inhalation wird der Schleim der Bronchien gelöst und kann so besser abgehustet werden.

Möglichkeit für **zukünftige Therapien**:

Als eine Möglichkeit zur Heilung der Krankheit wird heute die Gentherapie angesehen. Dabei sollen dem entsprechenden Organ Zellen entnommen werden. In diesen Zellen würde ein Gentransfer vorgenommen, d. h. die fehlerhaften Basen würden ausgetauscht und die DNA somit repariert werden. Die intakten Zellen würden kultiviert und wieder in das betreffende Organ eingespritzt werden. Hier sollten sich die gesunden Zellen vermehren und das Organ aufbauen.

Die Methode ist jedoch noch nicht ausgereift. Der Austausch von Genen, aber auch das „Annehmen" der veränderten Zellen sind Forschungsschwerpunkte.

Derzeit können nur die Symptome gelindert werden. Durch Einsatz der Gentherapie könnten betroffene Personen in Zukunft aber eine höhere Lebensqualität erreichen. Der Eingriff in das genetische Material würde hier ausschließlich an Körperzellen erfolgen. Ethische Fragen und Risiken, die in Deutschland zum Verbot der Keimbahntherapie führten, treten bei der Therapie von Körperzellen nicht in dem Maße auf. Die Veränderung in Körperzellen (z. B. der Lunge) bedeutet kein Risiko für die Nachkommen.

1.1 **Gemeinsamkeiten, z. B.:**
Naturnahe Mischwälder und Fichten-Monokulturen
– weisen Strukturierungen auf
– sind Lebensräume
– beeinflussen das Bestandsklima

Unterschiede, z. B.:
– Ein naturnaher Mischwald zeichnet sich durch eine deutliche Gliederung in verschiedene Stockwerke aus. Grundlage dafür ist das Vorhandensein verschiedenster Bäume, Sträucher und Kräuter unterschiedlichen Alters. Je stärker der Wald strukturiert ist, desto größer ist das Angebot an unterschiedlichen Lebensräumen für zahlreiche Pflanzen- und Tierarten. Im Mischwald stellt sich ein relativ ausgeglichenes Mikroklima ein. Abgestorbene Pflanzen und Totholz verbleiben im Wald. Sie werden v. a. von Pilzen, Bakterien, aber auch von Insekten, Würmern, Spinnen und vielen weiteren Kleintieren als Nahrung bzw. als Lebensraum genutzt. Ein Teil der Bodenstreu wird mineralisiert, sodass für die Produzenten Nährsalze zur Verfügung stehen. In einem naturnahen Mischwald bildet sich ein stabiles Nahrungsnetz heraus. Der Stoffkreislauf zwischen Produzenten, Konsumenten und Destruenten ist geschlossen.
– Fichtenwälder sind Monokulturen. Sie sind nur schwach strukturiert. Durch die enge Aufforstung gelangt meist nur wenig Licht bis zur Bodenschicht. Durch den spärlichen Bewuchs in den unteren Schichten bildet sich kein ausgewogenes Mikroklima heraus. Viele Tiere würden hier zwar Nahrung, aber ansonsten schlechte Lebensbedingungen vorfinden. Die Fichten-Monokultur bietet nur wenigen Arten passende Lebensräume. Der Wald ist folglich durch Artenarmut gekennzeichnet. Es kann kein stabiles Nahrungsnetz entstehen. Eine Folge ist, dass sich hier unter bestimmten Bedingungen Baumschädlinge massenhaft vermehren können.

1.2 **Faktoren, die die Ansiedlung des Kleibers begünstigen:**
Der naturnahe Mischwald weist eine vielfältige Struktur auf. Er zeichnet sich durch Bäume unterschiedlichen Alters aus. Der Anteil an Totholz ist hoch. Er bietet Lebensraum für zahlreiche Tiergruppen (Insekten, Spinnen etc.). Der Kleiber findet hier ein großes Nahrungsspektrum. Von anderen Tieren geschaffene Baumhöhlen sind insbesondere in alten Bäumen und abgestorbenen Ästen zu finden. Der Kleiber nutzt diese als Nisthöhle. Der Mischwald bietet den Vögeln ein optimales Bestandsklima.

Die Populationsgröße wird von mehreren Faktoren beeinflusst:
Die Vögel beanspruchen ein bestimmtes Territorium, das sie gegenüber anderen Brutpaaren verteidigen. Eine Einschränkung der Gebietsgröße kann sich z. B. negativ auf den Bruterfolg auswirken.
Die zur Verfügung stehende Menge an Nahrung und das Nahrungsspektrum wirken sich auf die Ernährung der Elternvögel, aber auch auf die Fütterung der Nachkommen direkt aus.
Nur wenn Baumhöhlen vorhanden sind, die von den Vögeln als Nistmöglichkeit angenommen werden, kommt es zur Brut.
Fressfeinde können die Populationsgröße reduzieren. Auch abiotische Faktoren wie Temperatur und Licht beeinflussen die Tiere direkt (z. B. Balzverhalten), aber auch indirekt (z. B. über Nahrungspflanzen und -tiere).

2.1 Skizze vom Laubblattquerschnitt einer Samenpflanze:

1 Kutikula
2 Obere Epidermis
3 Palisadengewebe
4 Leitbündel
5 Schwammgewebe
6 untere Epidermis
7 Interzellulare
8 Spaltöffnung

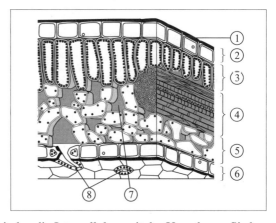

Die Spaltöffnungen verbinden die Interzellulare mit der Umgebung. Sie besteht aus zwei Schließzellen, die Chloroplasten enthalten und dem zwischen den Zellen liegenden Spalt. Die Wände der Schließzellen sind ungleichmäßig verstärkt, d. h. die dem Spalt zugewandte Seite ist relativ fest und wenig dehnbar, die dem Spalt abgewandte Seite ist weich und sehr dehnbar. Durch die Fotosynthese erhöht sich in der Schließzelle die Konzentration der osmotisch wirksamen Glukose. Die Zelle nimmt osmotisch Wasser auf und ihr Innendruck erhöht sich. Aufgrund ihres Baus wölben sich die beiden Zellen, sodass sich der Spalt öffnet und Kohlenstoffdioxid einströmen kann. Wird tagsüber das Kohlenstoffdioxid durch Fotosynthese ständig verbraucht und ist viel Wasser vorhanden, schließen sich die Spaltöffnungen nicht.

2.2 a) $6\,CO_2 + 12\,H_2O \longrightarrow C_6H_{12}O_6 + 6\,O_2 + 6\,H_2O$ oder

$\phantom{2.2 \text{ a) }} 6\,CO_2 + 6\,H_2O \longrightarrow C_6H_{12}O_6 + 6\,O_2$

b) Die beiden Ergebnisse unterscheiden sich, da nur der bei der Fotosynthese **gebildete** Sauerstoff berechnet wird.

In Pflanzenzellen läuft neben der Fotosynthese auch die Zellatmung ab. Für die Zellatmung wird Sauerstoff benötigt. In der Summe wird folglich experimentell weniger Sauerstoff gemessen, da ein Teil davon für die Zellatmung benötigt wird.

c) Die Fotosynthese wird wie jeder biochemische Prozess enzymatisch gesteuert. Die Enzymaktivität ist temperaturabhängig. Die Aktivität steigt mit der Temperatur, bis durch eine zu hohe Temperatur (ca. 40–50 °C) die Eiweißkomponente der Enzyme denaturiert und sie unwirksam werden.

2.3

	Zellen mit Chloroplasten	Zellen ohne Chloroplasten
Ernährungsweise	autotrophe Ernährung	heterotrophe Ernährung
Art der aufgenommenen Stoffe	anorganische Stoffe	organische Stoffe
Energiegehalt der aufgenommenen Stoffe	energiearme Stoffe	energiereiche Stoffe
Beispiele für solche Zellen	Zelle des Palisadengewebes	Wurzelhaarzelle

Wahlaufgabe A2

1.1 Auch nach der Ernte findet in den Früchten die Zellatmung statt. Bei der Zellatmung wird die bei der Fotosynthese gebildete Glukose, die in Früchten hauptsächlich in Fruktose umgewandelt ist, schrittweise mithilfe von Sauerstoff veratmet. Der Masseverlust ist auf den Verbrauch des Zuckers in den Zellen der Birnen zurückzuführen

Summengleichung der Zellatmung:

$$C_6H_{12}O_6 + 6\,O_2 \longrightarrow 6\,CO_2 + 6\,H_2O$$

1.2 Bei niedrigen Temperaturen verlaufen die biochemischen Reaktionen, die durch Enzyme katalysiert werden, langsamer ab als bei höheren Temperaturen. Bei kühler Lagerung wird die Zellatmung verlangsamt und so der Masseverlust verringert.

Kohlenstoffdioxid ist Produkt der Zellatmung Eine erhöhte Konzentration des Reaktionsproduktes hemmt die Oxidation von Glukose. Durch Erhöhung der Kohlenstoffdioxid-Konzentration wird die Zellatmung eingeschränkt und so der Masseverlust verringert.

1.3

Diploide Urkeimzelle	Diploide Keimzellen	Tetraploide Körperzelle
$2n$	$2n$ X $2n$	$4n$

2.1 a) **Relativ dunkler Standort (Schatten):** In Anpassung an Schatten werden größere Laubblatter ausgebildet und so die geringe Lichtintensität kompensiert.

b) **Trockener Standort:** Die Kutikula schützt das Laubblatt vor Austrocknung

c) **Trockener Standort:** Die toten Haare schützen u. a. die Spaltöffnungen. Die Wasserdampfkonzentration um die Schließzellen bleibt erhöht. Somit wird einerseits der Transpirationssog vermindert und die Pflanze gibt über die Spaltöffnung weniger Wasser ab. Andererseits bleiben die Schließzellen geöffnet und die Pflanze kann Kohlenstoffdioxid aufnehmen.

d) **Feuchter Standort:** Die Pflanze könnte an trockenen Standorten nicht überleben. Aufgrund der wenig ausgeprägten Schutzeinrichtungen würde sie in einer Umwelt mit niedriger Wasserdampfkonzentration durch Transpiration ständig Wasser verlieren.

2.2 In Anpassung an die geringe Lichtintensität, z. B. im Inneren der Baumkrone, bilden sich bei der Rotbuche größere, dünnere Laubblätter, sog. Schattenblätter heraus. Bei ihnen kann das Licht leicht in das einschichtige Palisadengewebe und die Schwammschicht zu den Chloroplasten dringen. Somit wird die vorhandene Lichtenergie optimal ausgenutzt. Die notwendige Fotosyntheserate wird durch diese Strukturmerkmale gewährleistet. Die Spaltöffnungen liegen ungeschützt; sie können nur in der relativ feuchten Umgebung im Kroneninneren oder an der sonnenabgewandten Seite des

Baumes ihrer Funktion nachkommen. Sie werden nur geöffnet, wenn die Wasserdampfkonzentration in der Umgebungsluft hoch genug ist. Nur dann kann Kohlenstoffdioxid für die Fotosynthese aufgenommen werden.

In Anpassung an die hohe Lichtintensität am oberen Kronenrand des Baumes und v. a. an der Südseite bilden sich kleinere, dickere Laubblätter, sog. Lichtblätter. Ihre obere Epidermis hat verstärkte Zellwände und eine dicke Kutikula. Die Spaltöffnungen sind meist eingesenkt. Diese Einrichtungen schützen vor übermäßiger Wasserabgabe. Durch die Lage der Spaltöffnungen entsteht an den Schließzellen gleichzeitig ein Mikroklima. Die Wasserdampfkonzentration bewirkt, dass sich der Spalt öffnet und Kohlenstoffdioxid für die Fotosynthese aufgenommen werden kann. Lichtblätter haben ein mehrschichtiges Palisadengewebe und ein ausgeprägtes Schwammgewebe. In diesem wird Wasser gespeichert, das für die Fotosynthese benötigt wird.

Licht- und Schattenblätter sind Laubblätter **einer** Pflanze. Beide Blatttypen verfügen über identische Erbanlagen. Ihre Ausprägung ist abhängig von der Lichtintensität, unter der sie sich entwickeln. Es handelt sich hierbei folglich um Modifikationen.

2.3

Versuch 1	10 mL		Versuch 4	5 mL
Versuch 2	40 mL		Versuch 5	0 mL
Versuch 3	20 mL			

Der gemessene Sauerstoff wird bei der Fotosynthese gebildet.

Versuch 1: Die Fotosynthese läuft normal ab.

Versuch 2: Die Erhöhung der Temperatur auf 30 °C bewirkt, dass die Geschwindigkeit chemischer Reaktionen steigt. Da alle weiteren Faktoren wie CO_2 und Licht im Optimum vorliegen, steigt die Fotosyntheserate und es wird mehr Sauerstoff produziert.

Versuch 3: Die niedrige Temperatur bewirkt, dass sich die Reaktionsgeschwindigkeit chemischer Prozesse verringert. Folglich sinkt die Fotosyntheserate und weniger Sauerstoff wird produziert.

Versuch 4: Kohlenstoffdioxid wirkt als begrenzender Faktor. Er ist Ausgangsstoff für die Bildung von Glukose. Die Fotosynthese läuft nur so lange ab, wie der Ausgangsstoff Kohlenstoffdioxid vorhanden ist. Folglich wird nur anfangs Sauerstoff produziert. Die am Ende des Versuchs vorliegende Menge ist gering.

Versuch 5: Licht wirkt als begrenzender Faktor. Der Lichtmangel bewirkt, dass in den Chloroplasten keine Fotosynthese ablaufen kann. Es wird daher kein Sauerstoff produziert.

BE

Pflichtaufgabe: Stammesentwicklung des Menschen, Mutationen, Weitergabe von Merkmalen

Als Ergebnis der Evolution haben sich in den verschiedenen Regionen der Erde Menschen mit unterschiedlichen Merkmalen entwickelt.
Erklären Sie das Zustandekommen konstanter und variabler Merkmale innerhalb der Art Mensch *(Homo sapiens sapiens)*.
Begründen Sie an zwei aussagekräftigen Beispielen die sich im Ergebnis der Evolution herausgebildete Angepasstheit der verschiedenen Menschengruppen an ihre spezifischen Lebensräume.
Beziehen Sie in Ihre Darstellung geeignete Sachverhalte aus der nachfolgenden Materialsammlung ein.

20

Material 1

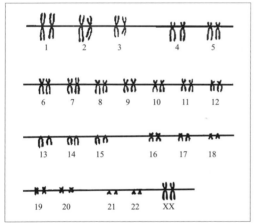

Karyogramm einer Frau

Material 2

Viele Mutationen werden durch spezifische Reparatursysteme der Zelle korrigiert. Zur Erhöhung der genetischen Variabilität tragen nur die Mutationen bei, die im genetischen Programm erhalten bleiben. Im Gegensatz zu Mutationen von Körperzellen können sich Keimzellenmutationen bei der Fortpflanzung auf die Nachkommen auswirken. Somit sind diese Mutationen auch ein entscheidender Faktor für die Evolution des Menschen.

Material 3

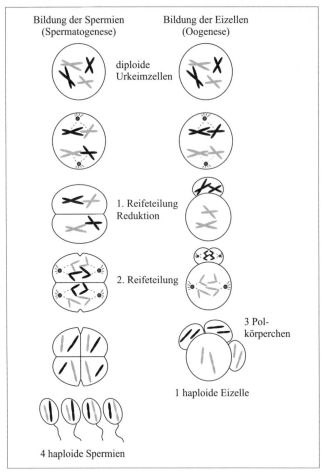

Schema zum Ablauf der Meiose bei der Keimzellenbildung

Material 4

Mutationen sind häufig eine Ursache für Krankheiten, sie können jedoch auch zur Anpassung der Organismen an verschiedene äußere Bedingungen führen. Dies zeigt sich unter anderem an folgenden Beispielen:

– Die Hautfarbe des Menschen ist durch verschiedene, spezifische Allele festgelegt. Die Pigmentierung der Haut stellt eine wichtige Schutzfunktion vor allem gegenüber ultravioletter Strahlung dar, die sonst bei intensiver Einwirkung zu Verbrennungen führen würde.

– Die Sichelzellanämie wird rezessiv vererbt. Bei dieser Krankheit nehmen die roten Blutkörperchen in sauerstoffarmem Blut eine sichelförmige Gestalt an. Da sie nicht so elastisch sind wie normale Erythrocyten verstopfen sie die Blutkapillaren, sodass die Organe nicht ausreichend mit Sauerstoff versorgt und deshalb geschädigt werden. Die veränderten Erythrocyten werden als krank erkannt und abgebaut, was zu Anämien (Blutarmut) führt. Reinerbige Träger des mutierten Gens sterben häufig in jungen Jahren. Eigentlich wäre zu erwarten, dass ein tödlich wirkendes Gen aus dem Genpool des Menschen verschwinden sollte. Das defekte Gen tritt jedoch in bestimmten Regionen Afrikas mit einer Häufigkeit von bis zu 20 % auf. Diese Regionen decken sich weitgehend mit den Verbreitungsgebieten des Malaria-Erregers. Menschen, die in Bezug auf Sichelzellanämie mischerbig sind, zeigen eine Malariaresistenz.

Material 5

Ausgewählte Merkmale heutiger „Menschengruppen":
Die Menschen haben sich auf verschiedenen Kontinenten geografisch voneinander isoliert entwickelt. Da auf die einzelnen Menschengruppen ein unterschiedlicher Selektionsdruck einwirkte, haben sie in Anpassung an die entsprechenden Umweltfaktoren unterschiedliche Merkmale entwickelt.

Merkmale	Europäer	Asiaten	Afrikaner
Hautfarbe	hell bis dunkelbraun	hellgelblich bis olivbraun	dunkelbraun bis schwarz
Haarfarbe	hellblond bis schwarz	schwarz	schwarz
Haarform	schlicht bis wellig	straff, dick, glatt	kraus bis spiralgedreht

Wahlaufgabe A1: Stoffwechselprozesse, Bedingungen der Fotosynthese, Kohlenstoffkreislauf

1   Die meisten Organismen, die keine Fotosynthese durchführen können, sind auf die Existenz grüner Pflanzen angewiesen. Deshalb gilt die Fotosynthese zu Recht als grundlegender biochemischer Prozess.

1.1   Geben Sie die Summengleichung für die Fotosynthese an. Ordnen Sie den Prozess in den Stoff- und Energiewechsel ein und begründen Sie die Einordnung.   3

1.2 Erläutern Sie die Bedeutung der Fotosynthese für das Leben auf der Erde. 3

2 Stoffwechselvorgänge in Pflanzen können experimentell nachgewiesen werden. Die Versuchsanordnungen sind in der folgenden Abbildung dargestellt:

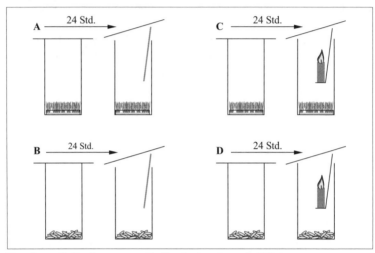

Experimentelle Bestimmung von Stoffwechselvorgängen bei Pflanzen

In den Standzylinder A wird eine Petrischale mit grünen Kressepflanzen gegeben. Der Standzylinder B wird mit Blütenblättern gefüllt.
Beide Standzylinder werden mit Starklicht bestrahlt.
Nach 24 Stunden wird ein mit Kalziumhydroxidlösung benetzter Glasstab eingeführt.

In den Standzylinder C wird eine Petrischale mit grünen Kressepflanzen gegeben. Der Standzylinder D wird mit Blütenblättern gefüllt.
Beide Standzylinder werden mit Starklicht bestrahlt.
Nach 24 Stunden wird eine brennende Kerze eingeführt.

Erklären Sie die zu erwartenden Versuchsergebnisse. 6

3 Das Wissen über den Ablauf und die Beeinflussbarkeit der Fotosynthese wird auch im Gartenbau genutzt. Begründen Sie zwei Maßnahmen, durch die eine Ertragssteigerung von Gemüse in Gewächshäusern zu erzielen ist. 4

4 Die Fotosynthese nimmt einen zentralen Platz im Kohlenstoffkreislauf der Natur ein. Trotz des Verbrauchs bei der Fotosynthese bleibt der Anteil von Kohlendioxid in der Atmosphäre relativ konstant. Erklären Sie diesen Sachverhalt. 4

Wahlaufgabe A2: Aufbau der Samenpflanzen, Angepasstheit, Fotosynthese, Evolution der Organismen

1   Trotz großer Formenvielfalt der Samenpflanzen auf unserer Erde zeigen alle einen grundlegend gleichen Aufbau.

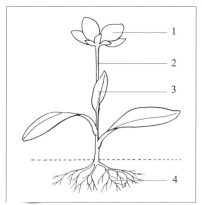

1.1   Beschriften Sie die Abbildung der Samenpflanze.   2

1.2   Vergleichen Sie den Bau einer Palisadenzelle mit dem einer Wurzel-
        haarzelle.   2

1.3   Erläutern Sie den Zusammenhang zwischen Bau und Funktion der
        Zellen anhand von zwei unterschiedlichen Zellbestandteilen.   3

2   Unter den verschiedenen Bedingungen haben die Pflanzen charakte-
      ristische Anpassungen ihrer Wuchs- und Lebensform entwickelt.
      Entscheiden Sie, welche Laubblätter zu Pflanzen trockener Standorte
      gehören und begründen Sie die Angepasstheit der Laubblätter an
      zwei weiteren Merkmalen.
      a) Großflächige Blätter
      b) Blätter mit dicker Kutikula
      c) Blätter mit toten Haaren
      d) Dünne, zarte Blätter   4

3   In einem Versuch werden die Pflanzen A, B und C drei Tage unter
      den in der Tabelle aufgezeigten Bedingungen gehalten. Sie werden
      regelmäßig gegossen. Danach wurden jeweils Laubblätter der Pflan-
      zen abgeschnitten, kurz in kochendes Wasser und dann in heißen Al-
      kohol getaucht. Dadurch löste sich das Chlorophyll aus den Laubblät-
      tern. Auf diese Laubblätter wurde jeweils Iod-Kaliumiodid-Lösung
      getropft.

	Bedingungen			
Pflanze	Licht	CO_2	O_2	Temp.
A	kein Licht; abgedunkelt	erhöhte Konzentration	vorhanden	25 °C
B	Starklicht	erhöhte Konzentration	O_2-freie Atmosphäre	25 °C
C	Starklicht	CO_2-freie Atmosphäre	vorhanden	10 °C

Entscheiden Sie, bei welchen Laubblättern sich eine violett-schwarze Färbung einstellt. Begründen Sie. 4

4   Erklären Sie die Entstehung von Wüstenpflanzen aus der Sicht Darwins. Wodurch unterscheiden sich die Evolutionstheorie von Darwin und die synthetische Evolutionstheorie? 5

Lösungen

Arten sind reale Fortpflanzungseinheiten. Angehörige einer Art zeichnen sich durch grundlegend gleiche Merkmale aus und sind in der Lage, fortpflanzungsfähige Nachkommen hervorzubringen. Da sich die Menschen geschlechtlich fortpflanzen, ist auch die Variabilität der Nachkommen eines Elternpaares gesichert.

Die **Konstanz** der Art Mensch wird u. a. durch den arttypischen Chromosomensatz erreicht, der durch Meiose, Mitose und identische Replikation konstant gehalten wird.

- Die Meiose ist die Grundlage für die Keimzellenbildung beim Menschen. Keimzellen haben einen haploiden Chromosomensatz. Bei der geschlechtlichen Fortpflanzung verschmelzen Ei- und Spermazelle zu einer diploiden Zygote. Durch die im Vorfeld abgelaufene Meiose wird der Chromosomensatz des Menschen konstant gehalten (Material 3).
- Aus der befruchteten Eizelle entwickelt sich durch eine Folge mitotischer Zellteilungen ein neuer Organismus. Bei der Mitose entstehen aus diploiden Körperzellen genetisch gleiche diploide Zellen. Auf dieser Basis wird gesichert, dass alle Körperzellen die gleiche genetische Information aufweisen (Material 1).
- Mitose und Meiose hängen eng mit der identischen Replikation der DNA zusammen. Bei der identischen Replikation der DNA entstehen aus einem Mutterstrang zwei genetisch gleiche Tochterstränge. Da im Ergebnis mitotischer und meiotischer Teilungen Zellen mit Einchromatid-Chromosomen gebildet werden, ist in der Interphase die Replikation notwendig. Durch diese können wieder Zweichromatid-Chromosomen entstehen. Damit ist die Voraussetzung für neue Zellteilungen gegeben.
- Darüber hinaus wird die Konstanz des Erbmaterials auch durch Reparatursysteme der Zellen ermöglicht, da diese Systeme u. a. Mutationen korrigieren (Material 2).

Die **Variabilität** innerhalb der Art „Mensch" wird unter anderem durch meiotische Rekombination, Mutationen und Modifikationen gesichert.

- Bei der Meiose entstehen variable Keimzellen mit einem haploiden Chromosomensatz. In der ersten Phase der Meiose I (Prophase I) kommt es zur Paarung der homologen väterlichen und mütterlichen Chromosomen. Bei diesem Prozess lagern sich die jeweiligen Chromosomen parallel aneinander. Dabei kann es zum Bruchstückaustausch zwischen Nicht-Schwesterchromatiden kommen (Crossing over). In der dritten Phase der Meiose I (Anaphase I) werden die homologen Chromosomen getrennt und zu den beiden Zellpolen gezogen. Dabei ist die Verteilung der mütterlichen und väterlichen Chromosomen zufallsbedingt. Auch dieser Prozess ist eine Ursache für die Variabilität innerhalb der Art „Mensch".

- Mutationen sind eine weitere Grundlage für die genetische Variabilität der Menschen. Durch Mutationen wird das genetische Material eines Lebewesens abgewandelt. Mit Veränderungen des genetischen Materials sind auch Veränderungen der artspezifischen Eiweiße verbunden. Vor allem die Enzymproteine sind an der Ausprägung spezifischer Merkmale beteiligt. Werden diese verändert, können auch Merkmale der Menschen verändert werden. Da sich die Menschen ausschließlich geschlechtlich fortpflanzen, werden nur die Keimzellenmutationen auf die Nachkommen weiter vererbt (Material 4).
- Modifikationen führen ebenfalls zu Variabilität. Dabei handelt es sich um durch Umwelteinflüsse hervorgerufene phänotypische Veränderungen im Rahmen einer genetisch fixierten Reaktionsnorm. Sie werden nicht an die Nachkommen vererbt, ermöglichen jedoch die Anpassung an spezifische Umweltveränderungen.

Im Verlauf der Evolution haben sich die Menschen, wie alle Lebewesen, an ihre Umwelt angepasst. Diese Anpassungen werden durch die Wirkung spezifischer **Evolutionsfaktoren** bedingt.

- Im Verlauf der Entwicklung der Menschen kam es zur geografischen Isolation. Dadurch wurde in früheren Zeiten der Genfluss zwischen den Teilpopulationen verhindert In den unterschiedlichen Regionen der Erde wirkte auf die dort lebenden Individuen ein unterschiedlicher Selektionsdruck. Mutationen, Rekombinationen und Gendrift veränderten die Teilpopulationen der Menschen. Durch den Faktor der natürlichen Selektion, setzten sich in den unterschiedlichen Regionen der Erde die am besten an ihren jeweiligen Lebensraum angepassten Individuen durch.

Auf dieser Basis entstanden in Anpassung an unterschiedliche UV-Bestrahlung verschiedene Hautfarben. Diese werden durch das Melanin bestimmt. Da dieses Pigment eine wichtige Schutzfunktion hat, bilden Menschen, die intensiver Sonneneinstrahlung ausgesetzt sind, viel Melanin und haben demzufolge eine dunkle Haut (Material 5).

- Die Sichelzellanämie ist ein Defekt, der dazu führt, dass die roten Blutkörperchen im sauerstoffarmen Blut (z. B. bei anstrengenden Tätigkeiten) eine sichelförmige Gestalt annehmen. Da sie nicht so elastisch sind wie die normalen Erythrozyten verstopfen sie die Kapillaren. Dadurch verschlechtert sich die Sauerstoffversorgung der Gewebe. Reinerbige Genträger sterben häufig in jungen Jahren. Obwohl durch dieses Gen Nachteile entstehen, setzt es sich in bestimmten Regionen unserer Erde durch, da die heterozygoten Träger eine

Malariaresistenz aufbauen und nicht an Sichelzellenanämie erkranken. Somit haben diese in von Malaria durchseuchten Regionen Selektionsvorteile (Material 4).

Die Beispiele zeigen, dass sich Menschen ständig an spezifische Umweltbedingungen anpassen können. Dies sichert das Überleben unserer Art.

Wahlaufgabe A1

1.1 **Summengleichung der Fotosynthese:**

$$6\,CO_2 + 12\,H_2O \longrightarrow C_6H_{12}O_6 + 6\,O_2 + 6\,H_2O$$

Wie aus der Gleichung ersichtlich wird, ist die Fotosynthese eine Form der autotrophen Kohlenstoffassimilation. Die energiearmen anorganischen Stoffe CO_2 und H_2O werden aufgenommen und unter Nutzung von Lichtenergie in den energiereichen organischen Stoff $C_6H_{12}O_6$ (Glukose) umgewandelt.

1.2 Die Fotosynthese ist eine Grundlage für die Erhaltung des Lebens auf der Erde: Bei der Fotosynthese wird aus der anorganischen Kohlenstoffverbindung Kohlenstoffdioxid Biomasse, d. h. organische Kohlenstoffverbindungen wie Kohlenhydrate, Fette und Eiweiße, aufgebaut. Diese bilden die Nahrungsgrundlage für heterotrophe Organismen. Außerdem wird bei der Fotosynthese der lebenswichtige Sauerstoff freigesetzt, den die atmenden Organismen für ihre Dissimilation benötigen.

2 In den Standzylindern A und C befinden sich fotosynthetisch aktive Kressesamen. Durch die Bestrahlung mit Starklicht ist die Fotosyntheseleistung hoch, die Pflanzen produzieren relativ viel Sauerstoff und verbrauchen das Kohlenstoffdioxid aus der Luft.
 – Die Fotosyntheseleistung übersteigt die Atmungsleistung und somit reichert sich im Standzylinder Sauerstoff an. Die Kerze brennt deshalb hell auf.
 – Die Kalziumhydroxidlösung am Glasstab trübt sich kaum (höchstens eine sehr geringe Trübung durch das in der Luft vorhandene Kohlenstoffdioxid). Der Kohlenstoffdioxidgehalt ist relativ gering.

In den Standzylindern B und D befinden sich Blütenblätter, die kein Chlorophyll besitzen. Somit erfolgt keine Fotosynthese. Die Zellen der Blütenblätter atmen aber. Kohlenstoffdioxid hat sich als Endprodukt der Zellatmung angesammelt, da es hier nicht durch Fotosynthese verbraucht wird.

- Durch die Atmung wird Sauerstoff verbraucht. Aufgrund des geringen Sauerstoffgehaltes der Luft erlischt die Kerze.
- Mit Kalziumhydroxid wird Kohlenstoffdioxid nachgewiesen; die Trübung basiert auf der Bildung von Kalziumkarbonat. Am mit Kalziumhydroxid benetzten Glasstab zeigt sich eine deutliche weiße Trübung.

3 – Durch Steigerung der Lichtintensität wird die Fotosyntheseleistung erhöht. Erhöhung der Fotosyntheseleistung heißt, dass in der gleichen Zeit mehr Kohlenstoffdioxid und Wasser zu Glukose und Sauerstoff umgewandelt werden und somit die Biomasseproduktion erhöht wird.
   – Bei optimaler Temperatur laufen die chemischen Reaktionen der Fotosynthese schneller ab. Folglich steigen die Fotosyntheseleistung und die Biomasseproduktion.

4 Bei der Fotosynthese nutzt die Pflanze den Kohlenstoff aus dem Kohlenstoffdioxid für den Aufbau organischer Stoffe. Pflanzen stehen als Produzenten am Anfang der Nahrungskette. Die organischen Stoffe sind Grundlage für die Ernährung heterotropher Lebewesen.
   Bei der Zellatmung der Pflanzen selbst, aber auch bei der aller atmenden Tiere und des Menschen werden energiereiche organische Stoffe oxidiert. Das bei diesem Prozess entstehende Kohlenstoffdioxid wird an die Luft abgegeben.
   Die organischen Stoffe, die am Aufbau des Körpers beteiligt sind und somit nicht oxidiert werden, werden nach dem Tod durch Destruenten abgebaut. Auch hier wird durch den Abbau organischer Stoffe Kohlenstoffdioxid freigesetzt.
   CO_2 ist also Bestandteil des Kohlenstoffkreislaufs der Natur. Bildung und Verbrauch liegen in einem gewissen Gleichgewicht.

Wahlaufgabe A2

1.1 1 Blüte   3 Laubblatt
     2 Sprossachse   4 Wurzel

1.2 Palisadenzellen und Wurzelhaarzellen haben als pflanzliche Zellen den gleichen Grundbauplan: Zellwand, Zellmembran, Zellplasma, Zellkern.
     Sie unterscheiden sich darin, dass Palisadenzellen zahlreiche Chloroplasten besitzen, die Wurzelhaarzellen nicht aufweisen. In Wurzelzellen sind dagegen Speicherplastiden (Leukoplasten) ausgebildet.

1.3 – Chloroplasten enthalten Chlorophyll, das Licht absorbieren (aufnehmen) kann. In den Chloroplasten läuft die Fotosynthese ab, d. h. Kohlenstoffdioxid und Wasser werden unter Einwirkung von Lichtenergie in Glukose und Sauerstoff umgewandt. Chloroplasten sind also Orte der Fotosynthese der Pflanze. Zur optimalen Ausnutzung der Sonneneinstrahlung haben die Palisadengewebe der Laubblätter daher besonders viele Chloroplasten.

– Wurzelhaarzellen enthalten besonders große Vakuolen, deren Inhalt hoch konzentriert ist. So entsteht ein Konzentrationsgefälle zwischen dem Bodenwasser und der Flüssigkeit im Zellinneren. Folglich gelangt osmotisch Wasser vom Boden in die Wurzelhaarzelle und kann von dort in weitere Pflanzenteile transportiert werden. Die hoch konzentrierten Vakuolen in den Wurzelhaarzellen gewährleisten demnach die Wasseraufnahme.

2 Die Pflanzen trockener Standorte haben Laubblätter mit dicker Kutikula und toten Haaren (b und c).

weiteren Merkmalen, z. B.:
– Viele Trockenpflanzen (Xerophyten) sind weiterhin durch kleine, wasserarme Blätter mit einer mehrschichtigen oberen Epidermis an trockene Standorte angepasst. Dadurch wird die Transpiration über die Blattoberfläche verringert.

– Außerdem haben die Laubblätter derartiger Pflanzen meist eingesenkte Spaltöffnungen, die durch tote Haare geschützt werden. Dadurch baut die Pflanze einen Schutz vor Transpiration über diese Spaltöffnungen auf.

3 Nur beim Laubblatt B wird eine violett-schwarze Färbung sichtbar. Diese Reaktion ist nur dann zu beobachten, wenn sich Stärke gebildet hat (Nachweis von Stärke). Nur wenn die Pflanze genügend Licht und Kohlenstoffdioxid zur Verfügung hat, kann die Fotosynthese ablaufen. Bei der Fotosynthese werden in den Chloroplasten unter Einwirkung von Licht aus Kohlenstoffdioxid und Wasser Glukose und Sauerstoff gebildet. Die Glukose wird zu Stärke weiterverarbeitet, die im Laubblatt gespeichert wird.
Die Pflanze A wurde ins Dunkle gestellt, folglich kann keine Fotosynthese ablaufen.
Die Pflanze C kann keine Fotosynthese betreiben, da Kohlenstoffdioxid als Ausgangsstoff fehlt.
Unabhängig von den weiteren Bedingungen kann bei den Pflanzen A und C also keine Stärke gebildet werden. Das Nachweisreagenz verfärbt sich nicht.

4   **Die Entstehung von Wüstenpflanzen nach der Darwinschen Evolutionstheorie:**

Darwin geht davon aus, dass Individuen einer Art mehr Nachkommen hervorbringen, als zur Arterhaltung notwendig ist. Die Individuen variieren in ihren Merkmalen, so gibt es z. B. Pflanzen mit mehr bzw. weniger gut ausgebildeten Einrichtungen zum Schutz vor Transpiration. Die größten Chancen zur Fortpflanzung haben die Arten, die am besten an die herrschenden Umweltbedingungen angepasst sind. An extrem trockenen Standorten haben Pflanzen mit gut ausgebildetem Transpirationsschutz Selektionsvorteile, da sie weniger Wasser verlieren. Sie können sich somit im Vergleich zu anderen Arten häufiger und erfolgreicher fortpflanzen und ihr genetisches Material weitergeben. Somit setzen sich an trockenen Standorten die Pflanzen mit gutem Transpirationsschutz durch. Auf dieser Basis entstanden im Verlauf der Evolution die Wüstenpflanzen.

Unterschiede zwischen der Darwinschen und der Synthetischen Evolutionstheorie:

Die synthetische Evolutionstheorie erklärt darüber hinaus die Entstehung der Varianten und die Weitergabe der Merkmale. Varianten entstehen durch Mutation und Rekombination von Erbmaterial. Merkmale bilden sich auf der Grundlage von Erbinformationen aus, die von Generation zu Generation weitergegeben werden.

BE

Pflichtaufgabe: Genetisch bedingte Krankheiten des Menschen

Phenylketonurie – PKU

Ein junges Paar wünscht sich ein Kind. Sie haben aber Sorge, denn in der Familie des Mannes waren zwei Personen an PKU erkrankt. Deshalb möchten sie sich untersuchen lassen um festzustellen, ob für ein zukünftiges Kind die Gefahr einer PKU-Erkrankung besteht und sich darüber hinaus umfassend über diese Erbkrankheit informieren.

Erläutern Sie zwei Methoden, auf deren Grundlage die Eltern beraten werden können.

Fertigen Sie ein Informationsblatt über PKU an. Beziehen Sie dazu auch folgende Schwerpunkte ein:
– Ursache
– Zusammenhang zwischen Gendefekt und Erkrankung
– Diagnostik der Erkrankung
– Therapiemöglichkeiten

Beziehen Sie in Ihre Darstellung geeignete Sachverhalte aus der nachfolgenden Materialsammlung ein.

20

Material 1

Die Aminosäure Phenylalanin gelangt entweder direkt über die Nahrung in den menschlichen Körper oder sie entsteht im Zuge der Eiweißverdauung. Normalerweise wird diese Aminosäure enzymatisch in Tyrosin umgewandelt.

Bei der Erbkrankheit PKU kann in Folge eines Gendefekts das Enzym, das die Umwandlung von Phenylalanin in Tyrosin bewirkt, nicht gebildet werden. Der Gendefekt kann heterozygot oder homozygot vorliegen. Liegt er homozygot vor, wird das Enzym überhaupt nicht gebildet. Liegt er hingegen heterozygot vor, wird noch eine geringe Menge davon produziert und es treten keine körperlichen Schädigungen auf.

Material 2

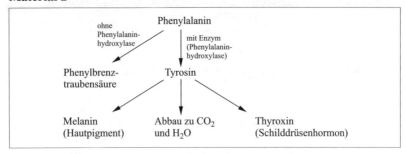

Material 3

Ist die Konzentration von Phenylbrenztraubensäure im Blut während der Entwicklung des Gehirns erhöht, kommt es zu Schädigungen. Diese betreffen die Ausbildung der Nervenzellen, was zu schwerer Schwachsinnigkeit des Betroffenen führt.

Material 4

Bestimmung der Konzentration von Phenylalanin: Der Nährboden einer Agarplatte ist mit dem Bakterienstamm *Bacillus subtilis* durchsetzt.
In der Reihe I wird in bestimmten Abständen eine Lösung aufgetropft, die Phenylalanin enthält. Dabei wird die Konzentration an Phenylalanin schrittweise erhöht. Nach einer definierten Zeit wird die Größe der sich entwickelten Bakterienkolonien ermittelt. Diese Reihe dient als Vergleichsreihe.

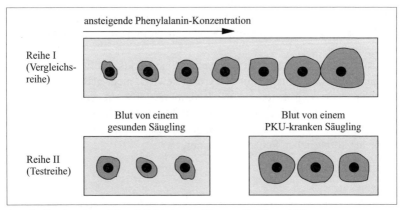

Ausschnitte einer Agarplatte mit Bakterien des Stammes *Bacillus subtilis*

Material 5

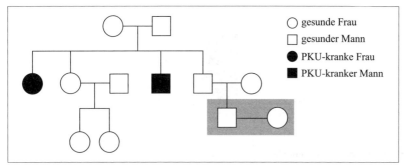

◯	gesunde Frau
▢	gesunder Mann
●	PKU-kranke Frau
■	PKU-kranker Mann

Familienstammbaum des Mannes des Rat suchenden Paares (Paar grau hinterlegt)

Material 6

Eine an PKU erkrankte Person, eine gesunde Person und eine Person, bei der ein Allel des relevanten Allelpaares betroffen ist, erhalten zum Zeitpunkt 0 eine Lösung, die Phenylalanin enthält. In den folgenden Stunden wird im Blut die Konzentration an Tyrosin gemessen.

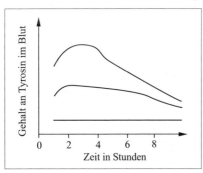

Gehalt an Tyrosin bei drei verschiedenen Personen nach Gabe von Phenylalanin zum Zeitpunkt 0

Wahlaufgabe A1: Stoffwechselprozesse, Ökosystem Acker

1   In der Landwirtschaft kommt es immer wieder zu Verlusten und Sachschäden, weil Lagerbestände an Getreide durch Selbstentzündung verbrennen. Dafür gibt es unterschiedliche Ursachen.
– Im Experiment A wird der Stoffwechsel von Getreidekörnern untersucht.
– Im Experiment B wird die Zellteilung bzw. das Wachstum von bestimmten Bakterien und Schimmelpilzen unter verschiedenen Bedingungen bestimmt.

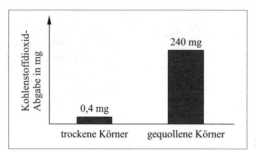

Ergebnis von Experiment A

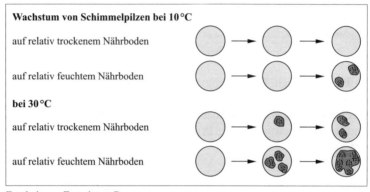

Wachstum von Schimmelpilzen bei 10 °C

auf relativ trockenem Nährboden

auf relativ feuchtem Nährboden

bei 30 °C

auf relativ trockenem Nährboden

auf relativ feuchtem Nährboden

Ergebnis von Experiment B

1.1 Geben Sie die Wortgleichung und die Reaktionsgleichung des im Experiment A nachgewiesenen Prozesses an. Erläutern Sie die Bedeutung des Prozesses für die Pflanze. 3

1.2 Entwickeln Sie für das Experiment A jeweils geeignete Versuchsanordnungen. Fertigen Sie zur Veranschaulichung beschriftete Skizzen an und begründen Sie die Versuchsanordnung. Folgende Geräte und Chemikalien stehen unter anderem zur Verfügung: Erlenmeyerkolben, Gärröhrchen. 4

1.3 Erklären Sie unter Einbeziehung der Versuchsergebnisse der Experimente A und B, wie es in Getreidelagern zu Selbstentzündung kommen kann. Begründen Sie eine praktische Maßnahme zur Vermeidung der Selbstentzündung von Getreide. 7

2 Der Ertrag in der Landwirtschaft wird unter anderem auch von tierischen Schädlingen gemindert. Getreide wird entsprechend seines Entwicklungs- und Reifegrades z. B. von Insekten wie Getreidehähnchen und Blattläusen geschädigt. Aber auch Feldmäuse können die Erträge schmälern.

Die intensive Bewirtschaftung beinhaltet auch den Einsatz von Herbiziden und Insektiziden. Große Flächen sind für eine maschinelle Bearbeitung günstiger als kleine. Das hat unter anderem auch dazu geführt, dass die so genannte Ackerbegleitflora stark zurückgegangen ist. Dazu gehören Wildkräuter z. B. Kornblume, Klatschmohn, Labkraut und Ackerwinde, die direkt zwischen dem Getreide, aber auch als Randstreifen wachsen. Viele dieser Pflanzen werden von Insekten als Nahrung, aber auch als Brutplatz genutzt.

Aufgrund der Größe der Äcker sind Gehölze und Hecken an vielen Stellen entfernt worden. Nach Schätzungen von Zoologen sind etwa 90 % der ca. 1 200 früher auf Äckern heimischen Tierarten verschwunden oder stark dezimiert. Dazu gehören neben Rebhuhn, Feldmaus, Feldhamster, Wachteln, Mäusebussard, und Maulwurf auch zahlreiche Insekten und Spinnenarten.

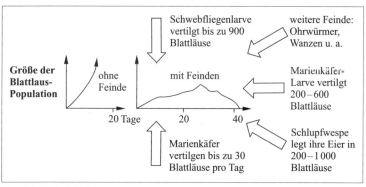

Fressfeinde der Blattlaus

Erläutern Sie den Einfluss von Hecken, Ackerrandstreifen und Ackerwildkräutern auf den Schädlingsbefall eines Getreidefeldes.

6

Wahlaufgabe A2: Angepasstheit der Organismen, Bau der Samenpflanzen, Ökosystem Meer

Marine Biotope wie Meere, Salzseen und das Watt weisen eine hohe Salzkonzentration auf und können nur von daran angepassten Arten bewohnt werden.

1 Weisen Sie experimentell die Wirkung einer Kochsalzlösung und die Wirkung von Leitungswasser auf pflanzliche Zellen am Beispiel der Kartoffel nach. Schneiden Sie dazu gleich lange Kartoffelstifte (wie Pommes frites). Geben Sie jeweils 10 Kartoffelstifte in eine hochkon-

zentrierte Kochsalzlösung (ca. 3 Teelöffel Kochsalz auf 150 mL Wasser) und 10 Kartoffelstifte in Leitungswasser. Ermitteln Sie den Ausgangszustand und nach ca. 24 Stunden den Endzustand der Kartoffelstifte durch Messung der Längen und durch die Bestimmung der Masse (jeweils Wiegen der gesamten 10 Kartoffelstifte). Protokollieren Sie den Versuchsablauf. Erklären Sie das Versuchsergebnis.

6

2   Erklären Sie unter Einbeziehung der Ergebnisse des Versuchs in Aufgabe 1, unter welchen osmotischen Bedingungen eine Pflanze über die Wurzeln Wasser aufnehmen kann.
Charakterisieren Sie die osmotischen Verhältnisse, unter denen es an Salzwasser angepassten Pflanzen möglich ist, Wasser aus ihrer Umgebung aufzunehmen.

3

3   Das Bild der Nordsee ist von Ebbe und Flut geprägt. Die im Watt lebenden Pflanzen werden periodisch von Salzwasser überflutet. Darüber hinaus sind sie zeitweise starker Sonneneinstrahlung und Wind ausgesetzt.

Der Queller ist eine sukkulente Pflanze. Seine Laubblätter dienen als Wasserspeicher.

aus: Reinhild Hofmann: Kosmos Naturführer. Unsere Gräser; Aichele, Schwegeler (Hrsg.), Frankh-Kosmos-Verlags-GmbH & Co., Stuttgart 1991, 10. Auflage, S. 203

Die Salzbinse hat gegenüber der hohen Salzkonzentration keinen Regelmechanismus; sie nimmt ständig mit dem Wasser Salz auf. Nur, weil die Salzkonzentration *langsam* steigt, reicht die Zeit für eine vollständige Entwicklung bis zur Samenbildung aus. Ist die tödliche Konzentration erreicht, stirbt die Pflanze ab.

Erläutern Sie die Angepasstheit der Pflanzen an ihren Lebensraum.   6

4   Bei Überflutung im Watt ist die Sauerstoffversorgung der Pflanzen
     zumindest im Wurzelbereich eingeschränkt. Einige daran angepasste
     Pflanzen haben im Wurzelbereich ein so genanntes Durchlüftungs-
     gewebe (Aerenchym).

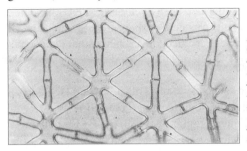

Aerenchym
(Durchlüftungsgewebe)
*aus: Sitte, P.; Weiler, E. W.;
Kaderelt, J. W., Bresinsky,
A.; Körner, C.: Strasburger:
Lehrbuch der Botanik für
Hochschulen, 33. Auflage,
1991; © Spektrum
Akademischer Verlag,
Heidelberg, Berlin*

Erläutern Sie die Bedeutung dieser Angepasstheit für den Stoffwechsel der Pflanzen.   2

5   Der größte Teil der Meerespflanzen sind Algen. Es gibt verschiede-
     ne Gründe, die zum massiven Absterben von Grünalgen führen kön-
     nen. Erläutern Sie zwei Folgen des Algensterbens für das Ökosys-
     tem Meer.   3

Lösungen

Pflichtaufgabe

Grundlagen der Beratung

– **Analyse des Stammbaums**: Bei der Phenylketonurie (PKU) handelt es sich um eine rezessive Erbkrankheit. Aus dem vorliegenden Stammbaum (Material 5) wird ersichtlich, dass zwei Personen, die erkrankt sind, phänotypisch gesunde Eltern haben können. Die Eltern sind also jeweils Träger eines defekten Allels.

Es ist möglich, dass der Rat suchende Mann Träger des defekten Alles ist. Um auf der Basis des Stammbaumes eine Aussage bezüglich eines zukünftigen Kindes treffen zu können, muss ermittelt werden, ob die Erkrankung auch in der Familie der Frau aufgetreten ist.

– **Biochemischer Test**: In einem Test kann ermittelt werden, ob ein Mensch Träger der Erbkrankheit ist. Dazu wird der jeweiligen Person eine bestimmte Menge an Phenylalanin verabreicht (Material 6).

Ist sie gesund, verfügt sie über das Enzym Phenylalaninhydroxylase, das das Phenylalanin in Tyrosin umwandelt. Daher ist nach einer gewissen Zeit eine erhöhte Tyrosinkonzentration im Blut nachweisbar.

Ist die Person heterozygoter Träger der Krankheit, verfügt sie zwar über das Enzym, aber nur in einer geringen Menge. Nach einer gewissen Zeit erhöht sich daher zwar die Konzentration an Tyrosin im Blut, jedoch nicht so stark wie bei gesunden Menschen (Material 1).

An PKU erkrankten Personen fehlt die Phenylalaninhydroxylase, daher ist bei ihnen kein Anstieg der Tyrosinkonzentration im Blut nachweisbar.

Stellt man fest, dass nur ein Partner Träger der Krankheit ist, besteht für das Kind keine Gefahr. Sind jedoch beide Partner Träger der Krankheit, dann besteht statistisch gesehen zu 25 % die Möglichkeit, dass das Kind an PKU erkrankt.

Normales Allel: A
Defektes Alles: a

	A	a
A	AA	Aa
a	Aa	aa

80

Informationsblatt zur PKU

- **Ursache der Erkrankung** (Zusammenhang zwischen Gendefekt und Erkrankung): Gene enthalten die Information für die Bildung von Eiweißen. Eiweiße sind Bestandteil von Enzymen. Ein Gendefekt bewirkt, dass genau das Enzym, das das in der Nahrung enthaltene Phenylalanin in Tyrosin umwandelt, nicht gebildet wird. Wird Phenylalanin mit der Nahrung aufgenommen, wird es bei Kranken in Phenylbrenztraubensäure umgebaut. Wirkt bei Kindern während ihrer Hirnentwicklung diese erhöhte Konzentration an Phenylbrenztraubensäure, können sich die Nervenzellen nicht richtig entwickeln und das Kind trägt einen bleibenden geistigen Schaden davon (Material 2, 3).
- **Diagnose der Erkrankung:** Das Blut eines betroffenen Kindes weist eine erhöhte Konzentration an Phenylalanin auf. Diese Veränderung kann mithilfe eines Bakterientests festgestellt werden (Material 4).
  Bakterien des Bakterienstamms *Bacillus subtilis* benötigen für ihr Wachstum Phenylalanin. Bei Vorhandensein einer geringen Konzentration an Phenylalanin entsteht eine kleinere Bakterienkolonie als bei einer höheren Konzentration. Normales Blut weist eine geringere Phenylalaninkonzentration auf als das Blut eines an PKU Erkrankten. Lässt man die Bakterien auf einer Nährlösung wachsen, die einmal normales Blut und zum anderen Blut eines an PKU Erkrankten enthält, unterscheiden sich die Größen der Bakterienkolonien entsprechend. Die Bakterienkolonie mit dem normalen Blut wird als Vergleichswert herangezogen.
- **Therapiemöglichkeiten:** Wird ein Kind mit der Erkrankung geboren, sollte es bis zum Erwachsenenalter ausschließlich phenylalaninarme Nahrung zu sich nehmen. Nur so kann gewährleistet werden, dass die Hirnentwicklung nicht durch eine erhöhte Phenylalaninkonzentration gestört wird. Darüber hinaus muss es aber zusätzlich Tyrosin erhalten. Normalerweise entsteht Tyrosin beim enzymatischen Abbau von Phenylalanin. Da das entsprechende Enzym von PKU-Kranken jedoch nicht produziert wird, steht es dem Körper nicht zur Verfügung. Tyrosin wird aber z. B. benötigt, um das Hautpigment Melanin und das Schilddrüsenhormon Thyroxin zu bilden (Material 2).
  Wissen die Eltern bereits vor oder während der Schwangerschaft von der Erkrankung ihres Kindes, sollte die Schwangere phenylalaninarme Nahrung zu sich nehmen, da das über den Blutkreislauf aufgenommene Phenylalanin vom Kind selbst nicht abgebaut werden kann und somit die Hirnentwicklung des Kindes während der Schwangerschaft beeinträchtigt.

1.1 **Wortgleichung der Zellatmung:**
Glucose + Sauerstoff —————⟶ Kohlenstoffdioxid + Wasser

Reaktionsgleichung der Zellatmung:
$$C_6H_{12}O_6 + 6\,H_2O + 6\,O_2 \longrightarrow 6\,CO_2 + 12\,H_2O$$

Bedeutung der Atmung für die Pflanze:
Bei der Atmung wird aus energiereichen organischen Stoffen durch Oxidation Energie freigesetzt, die die pflanzlichen Zellen für zahlreiche Stoffwechselreaktionen benötigen.

1.2 Grafisches Darstellung geeigneter Versuchsanordnungen zur Bestimmung der Kohlenstoffdioxid-Entwicklung trockener und gequollener Getreidekörner:

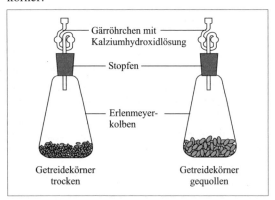

Ein Erlenmeyerkolben wird mit trockenen Getreidekörnern, ein weiterer mit vorgequollenen Getreidekörnern gefüllt. Beide Kolben werden mit einem Stopfen mit Gärröhrchen verschlossen. In die Gärröhrchen wird z. B. Kalziumhydroxidlösung gefüllt. Mit dieser Versuchsanordnung kann das bei der Atmung entstehende CO_2 mithilfe der Kalziumhydroxidlösung nachgewiesen werden (weißer Niederschlag).

1.3 **Gründe für die Selbstentzündung:**
Werden die Getreidekörner zu feucht eingelagert, ist die Atmungsaktivität der Zellen relativ hoch (Experiment A). Im Ergebnis der Atmung wird u. a. Wärmeenergie abgegeben, die sich im Getreidelager anstaut (Wärmestau). Feuchtigkeit und die erhöhte Temperatur führen dazu, dass sich die oft am Getreide anhaftenden Schimmelpilze und Bakterien vermehren bzw. wachsen (Experiment B). Auch diese atmen und geben daher Wärmeenergie ab,

sodass sich die Temperatur zusätzlich erhöht. Wird eine bestimmte Temperatur erreicht, kommt es zur Selbstentzündung.

Maßnahme zur Vermeidung der Selbstentzündung:
Getreide sollte nicht feucht eingelagert werden, da es durch die verstärkte Atmung der Getreidekörner und der anhaftenden Mikroorganismen ansonsten zur Temperaturerhöhung kommt.

2   Ackerrandstreifen mit Wildkräutern, aber auch angrenzende Hecken bieten vielen Tieren einen Lebensraum. Sie finden hier z. B. Nahrung, Unterschlupf, Brut- und Überwinterungsmöglichkeiten. Je größer die Pflanzenvielfalt ist, desto mehr verschiedene Tiere siedeln sich an. Werden die Äcker nicht durchgehend mit Insektiziden behandelt, siedeln sich neben den „schädigenden" auch „nützliche" Insekten an. Letztere bevorzugen häufig die Schadinsekten als Nahrung und regulieren dadurch deren Bestand.

Viele Singvögel würden nicht auf dem freien Feld leben, sie benötigen Rückzugsmöglichkeiten. Brüten sie in den angrenzenden Ackerrandstreifen bzw. Hecken, verfüttern sie eine große Menge von Insekten an ihre Nachkommen. Feldmäuse und Feldhamster, sie sich vom Getreide ernähren, siedeln sich zwar an, werden aber von Greifvögeln und von Füchsen als Nahrung genommen. Tiere wie der Feldhamster, aber auch das Rebhuhn ernähren sich von Insekten, aber auch von Pflanzen und ihren Samen. Diese Tiere benötigen also zusätzlich auch Wildkräuter für ihre Ernährung. Viele Insekten und ihre Larven wie Marienkäfer, Blattwanzen und Schwebfliegen vertilgen große Mengen an Blattläusen.

Durch den Aufbau eines biologischen Gleichgewichtes können zwar die „Schädlinge" nicht gänzlich ausgeschalten werden, ihre Anzahl wird aber so gering gehalten, dass keine bedeutsamen Ernteverluste auftreten.

Wahlaufgabe A2

1   **Protokoll der Versuchsergebnisse:**
Aufgabe:
Experimenteller Nachweis der Wirkung einer Kochsalzlösung und der Wirkung von Leitungswasser auf Kartoffeln.

Durchführung:
–   Je 10 Kartoffelstifte werden gemessen und in Leitungswasser und in Kochsalzlösung gelegt. Nach ca. 24 Stunden werden sie erneut gemessen.

- Die Masse der 10 Kartoffelstiften wird jeweils vor und nach dem Versuch bestimmt.

Beobachtung (Bespiele für mögliche Messwerte):
Gesamtmasse der 10 Kartoffelstifte:

Leitungswasser		Kochsalzlösung	
Ausgangsmasse (g)	Masse nach 24 Std. (g)	Ausgangs- masse (g)	Masse nach 24 Std. (g)
51	63	52	38

Leitungswasser		Kochsalzlösung	
Ausgangslänge (cm)	Länge nach 24 Std. (cm)	Ausgangs- länge (cm)	Länge nach 24 Std. (cm)
5,0	5,5	5,0	5,0
5,5	6,0	5,0	4,5
5,0	5,5	6,0	5,0
5,0	5,5	6,0	5,5
6,0	6,5	5,0	4,5
6,5	7,0	7,0	6,5
3,0	3,0	8,0	7,5
5,0	6,0	5,0	4,5
10,0	11,0	11,0	10,5
8,0	9,0	10,0	9,5
7,0	7,5	9,0	8,5

Im Leitungswasser nehmen die durchschnittliche Länge der Kartoffelstifte und ihre Masse zu. In der Kochsalzlösung nehmen die durchschnittliche Länge der Kartoffelstifte und ihre Masse ab.

Auswertung (Erklärung der Versuchsergebnisse):
Die Konzentration osmotisch wirksamer Verbindungen im Plasma bzw. in den Vakuolen der Kartoffelzellen ist gegenüber der Ionen-Konzentration des Leitungswassers höher. Es entsteht ein Konzentrationsgefälle und ein Konzentrationsausgleich wird angestrebt. Nur die Wasserteilchen können osmotisch von außen durch die Zellmembran in die Kartoffelzellen eindringen. Die anderen im Zellplasma enthaltenen Stoffe können die Membran nicht passieren. Folglich nimmt der Zellinnendruck in den Kartoffelzellen zu, die Kartoffelstifte gewinnen an Volumen und Masse.

Gegenüber der Kochsalzlösung ist die Ionen-Konzentration in den Vakuolen der Kartoffelzellen niedriger. Entsprechend der Erklärung oben wird jetzt Wasser aus den Kartoffelzellen abgegeben. Die Salz-Ionen können die Poren der Zellmembran nicht passiv durchdringen. Folglich sinkt der Zellinnendruck. Die Kartoffelstifte nehmen an Volumen und Masse ab.

2   Für die Wasseraufnahme über die Wurzel nötige osmotische Bedingungen:
    Die Konzentration osmotisch aktiver Substanzen in den Wurzelhaarzellen
    muss die Konzentration des Bodenwassers übersteigen. Nur so kann unter
    Ausnutzung des Konzentrationsgefälles Wasser aufgenommen werden.

    Osmotischen Bedingungen für die Wasseraufnahme bei einer Salzpflanze:
    Pflanzen im Watt müssen eine erhöhte Salzkonzentration in ihren Wurzel-
    haarzellen aufweisen, damit ein Konzentrationsgefälle gegenüber dem sie
    umgebenden Wasser entsteht. Unter dieser Bedingung kann eine im Watt
    lebende Pflanze aus ihrer Umgebung Wasser aufnehmen.

3   Der Queller ist eine sukkulente Pflanze. Das Zellplasma des Quellers ist
    hoch konzentriert. Somit kann er Wasser aus der Umgebung aufnehmen.
    Eine übermäßig hohe Konzentration wird aber dadurch verhindert, dass in
    den sukkulenten Pflanzenteilen viel Wasser gespeichert ist, das die Salz-
    konzentration verringert. Eine geringe Oberfläche im Verhältnis zum Blatt-
    volumen führt zur Verringerung der Transpiration. Die Notwendigkeit zur
    Aufnahme salzhaltigen Wassers wird begrenzt.
    Die Salzbinse hat eingerollte Laubblätter und eingesenkte Spaltöffnungen.
    Somit wird die Transpiration verringert. Die Wasseraufnahme ist gering
    und folglich wird die Konzentration des Zellplasmas durch im Wasser ent-
    haltene Salz-Ionen nur langsam erhöht.

4   Das Aerenchym der Wurzel weist viele luftgefüllte Hohlräume auf. Aus ih-
    nen erhalten die untergetauchten Pflanzenteile den Sauerstoff, den sie für
    die Zellatmung benötigen. Bei der Zellatmung werden energiereiche orga-
    nische Stoffe oxidiert, wobei Energie freigesetzt wird. Diese Energie benö-
    tigen die Pflanzenzellen für zahlreiche Stoffwechselreaktionen.

5   Durch das Absterben von Grünalgen
    – sinkt der Sauerstoffgehalt im Wasser. Dies wirkt sich ungünstig auf an-
      dere Lebewesen aus, die auf den Sauerstoff für ihre Atmung angewiesen
      sind.
    – verringert sich für viele Tiere die Nahrungsgrundlage. Grünalgen sind
      Primärproduzenten und stehen am Anfang der Nahrungskette. Das Ab-
      sterben der Grünalgen wirkt sich folglich auf die vielen Lebewesen aus,
      die die Folgeglieder der Nahrungskette bilden.

BE

Pflichtaufgabe: Ökosystem Hecke

Es wird empfohlen, große landwirtschaftlich genutzte Flächen durch Hecken zu strukturieren. Für den Einsatz von landwirtschaftlichen Fahrzeugen und Maschinen ist dies jedoch nicht gerade von Vorteil.
Definieren Sie den Begriff Ökosystem. Weisen Sie nach, dass Hecken Ökosysteme sind.
Begründen Sie unter Nutzung des Materials die oben genannte Empfehlung.
Beziehen Sie in Ihre Darstellung geeignete Sachverhalte aus der nachfolgenden Materialsammlung ein.

20

Material 1

Die Hecke ist räumlich stark strukturiert und bietet somit vielen Tieren einen Lebensraum. Manche Vögel nutzen dornige oder dichte Sträucher, um ihre Brut geschützt aufzuziehen. Durch die Vielfalt an Insekten ist die Ernährung von Rebhuhn-, Fasan- und Wachtelküken gesichert. Die erwachsenen Tiere benötigen Sämereien verschiedener Wildkräuter, die am Rand von Hecken wachsen. Der Heckenbereich wird aber zum Futtererwerb oft unterschiedlich weit verlassen. So beträgt z. B. der Aktionsradius eines Igels ca. 250 m. Ein Laufkäfer, der sich u. a. von Blattläusen, Käferlarven, Milben und totem Pflanzenmaterial ernährt, bewegt sich ca. 50 m vom Heckenrand in das Feld hinein. Immerhin benötigen viele Singvögel für sich und ihre Brut um die 100 000 Insekten.

Material 2

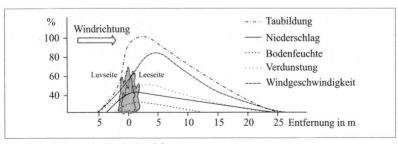

Abiotische Faktoren im Heckenbereich

Material 3

Einige Tiergruppen treten in Heckennähe häufiger auf als in der Feldmitte. Dazu gehören z. B. Asseln (fast 4-mal so viel Arten), Spinnen, Milben, Wanzen (fast 5-mal so viel Arten), Käfer und ihre Larven sowie Fliegen. Vergleiche von Landschaften mit und ohne Hecken ergaben, dass in Landschaften mit Hecken 37 Vogelarten und 20 Säugetierarten zu finden waren, während in Landschaften ohne Hecken, nur 6 Vogelarten und 5 Säugetierarten angetroffen werden konnten.

Material 4

Asseln gehören zu den Krebstieren. Im Boden leisten z. B. Keller- und Mauerasseln als Erstzersetzer Pionierarbeit. Mit ihren scharfen Mundwerkzeugen zerbeißen sie frisches Falllaub, totes Holz und Pflanzenteile. Mit ihrem Kot bieten sie vielen Destruenten eine Nahrungsgrundlage. Asseln atmen durch Kiemen. Die Sauerstoffaufnahme ist nur dann gewährleistet, wenn die Atmungsorgane ständig von einem Feuchtigkeitsfilm überzogen sind.

Material 5

Die durchschnittliche Größe von Ackerflächen in Deutschland liegt bei über 100 Hektar. Der Aktionsradius des Feldhamsters ist aber viel geringer. Er ist bei der Nahrungssuche auf Verstecke wie z. B. Hecken angewiesen. Große Anbauflächen bieten meist nicht nur wenige Versteckmöglichkeiten sondern auch kaum Nahrungsquellen für den Feldhamster. Auch auf Nachbarfelder kann er nicht problemlos ausweichen. Bei der Nahrungssuche läuft ein Feldhamster oft relativ lange Zeit über offenes Gelände. Dadurch steigt das Risiko, einem Milan, Fuchs oder einer Eule zum Opfer zu fallen. Wird der Acker zudem zu früh im Jahr mit Maschinen gepflügt, werden oft zahlreiche Junghamster getötet, da die Tiere ihre Bauten noch nicht tief genug graben konnten und diese daher mit dem Pflug ausgehoben werden. Aus diesen und anderen Gründen gilt der Feldhamster als eine besonders bedrohte Art.

Wahlaufgabe A1: Bau der Samenpflanzen, Angepasstheit der Organismen, Weitergabe der Erbinformationen

1   Entsprechend ihrem Bau können Sprossachsen verschiedener Pflanzenarten auch unterschiedliche Aufgaben erfüllen.

Sprossachsenquerschnitt

Erläutern Sie unter Einbeziehung der Abbildung den Zusammenhang zwischen Bau und Funktionen der Sprossachse.   4

2   In einem Versuch werden bei einer verholzten Sprossachse durch einen ringförmigen Schnitt die äußeren Teile der Sprossachse durchschnitten. Auch wenige Tage nach dem Eingriff welken die Blätter nicht.

Ringförmiger Schnitt um eine verholzte Sprossachse

Erläutern Sie die Folgen für die Pflanze.   3

3

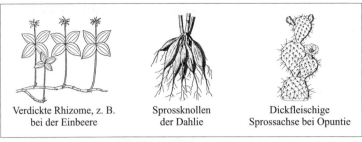

Verdickte Rhizome, z. B. bei der Einbeere	Sprossknollen der Dahlie	Dickfleischige Sprossachse bei Opuntie

Veränderte Sprossachsen verschiedener Pflanzen
aus: Sitte, P.; Weiler, E. W.; Kadereit, J. W.; Bresinsky, A.; Körner, C.: Strasburger: Lehrbuch der Botanik für Hochschulen, 33. Auflage, 1991; © Spektrum Akademischer Verlag, Heidelberg, Berlin

Verschiedene Pflanzen bilden in Angepasstheit an ihren Lebensraum bzw. ihre Lebensweise veränderte Sprossachsen.
Erläutern Sie anhand von zwei der vorgegebenen Beispiele die Bedeutung dieser Metamorphosen.

3

4   Mit weiß, rot und rosa blühenden Malven werden einige Versuche durchgeführt:

Versuch	Ergebnis
A: Kreuzung von weiß blühenden mit rot blühenden Pflanzen	In der F_1-Generation entstehen zu 100 % rosa blühende Pflanzen.
B: Kreuzung von Pflanzen der F_1-Generation	*[Diagramm: Anzahl der Pflanzen in der F_2-Generation. Y-Achse: 0 bis 2500. X-Achse: Versuchsreihen 1, 2, 3. Legende: weiße Blütenfarbe, rosa Blütenfarbe, rote Blütenfarbe]*

4.1   Leiten Sie den entsprechenden Erbgang ab und erklären Sie das Ergebnis des Versuchs B mithilfe eines Kreuzungsschemas.

4

89

4.2 Erklären Sie anhand eines Beispiels den statistischen Charakter der Mendelschen Regeln.   2

4.3 Die Körperzellen einer Malvenpflanze sind diploid und zeichnen sich durch relative Konstanz des Erbmaterials aus. Erklären Sie den Sachverhalt.   4

Wahlaufgabe A2: Stoffwechselprozesse, Konstanz und Variabilität bei Lebewesen

Folgende Beispiele zeigen, dass biologische Kenntnisse eine praktische Bedeutung in Haushalt und Wirtschaft haben.

1   Um Büffets dekorativ zu gestalten, können wir zum Beispiel normalen Radieschen zu einem „blütenförmigen" Aussehen verhelfen. Dazu schneidet man Radieschen mehrfach kreuzförmig ein, hebt die Schale etwas ab und legt sie in kaltes Wasser.

Erklären Sie den dann ablaufenden Vorgang.   3

2   Einige Apfelsorten, die bei Lagerung zum Schrumpfen neigen, werden zum Beispiel mit Protexan behandelt. Protexan ist ein Paraffinöl, in das die Äpfel getaucht werden und auf deren Schale eine hauchdünne Wachsschicht bildet.
Begründen Sie diese Maßnahme.   3

3   Eine Anleitung zur Herstellung von Wein enthält wichtige Hinweise: Der Weinballon muss möglichst bis oben mit Trauben bzw. anderen Früchten gefüllt werden. Den Ballon verschließt man mit einem durchbohrten Stopfen, durch den ein Gärröhrchen eingeführt wird.

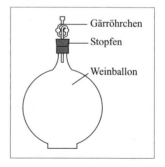

Gärröhrchen
Stopfen
Weinballon

3.1 Geben Sie die Wortgleichung für den zugrunde liegenden biochemischen Vorgang an und begründen Sie den Einsatz eines Gärröhrchens. 2

3.2 Mit diesem Verfahren kann kein hochprozentiger Alkohol hergestellt werden. Begründen Sie. 2

4 Lebewesen einer Art zeichnen sich sowohl durch konstante als auch durch variable Merkmale aus.

4.1 Erläutern Sie je eine Ursache für Konstanz und Variabilität. 2

4.2 Neben den Geschlechtszellen können auch die Körperzellen eines Lebewesens von Mutationen betroffen sein. Können derartige Mutationen eine Grundlage für die Entstehung neuer Arten sein? Diskutieren Sie alle Möglichkeiten. 5

4.3 Die Erbanlagen eineiiger Zwillinge sind identisch. Trotz allem können sich diese Zwillinge in körperlichen und psychischen Merkmalen mit zunehmendem Lebensalter immer weiter voneinander entfernen. Begründen Sie diesen Sachverhalt und definieren Sie den entsprechenden Fachbegriff. 3

Lösungen

Pflichtaufgabe

Ein **Ökosystem** ist eine Einheit aus Lebensraum (Biotop) und der Gesamtheit der darin angesiedelten Lebewesen (Biozönose). Es umfasst ein komplexes Beziehungsgefüge von unbelebten (abiotischen) und belebten (biotischen) Komponenten.

Nachweis, dass Hecken Ökosysteme sind:
Hecken sind ein bis mehrere Meter breite Gehölzstreifen, die stark strukturiert sind. Sie bieten somit vielfältige Lebensräume, die von verschiedenen Pflanzen und Tieren angenommen werden. Die abiotischen Faktoren beeinflussen die Lebewesen, die Lebewesen beeinflussen wiederum die abiotischen Faktoren in der Hecke. Durch den Pflanzenwuchs entsteht im Dickicht ein Bestandsklima. Im Inneren können sich zum Beispiel Schattenpflanzen und feuchtigkeitsliebende Insekten ansiedeln. In der Boden- und Baumschicht finden Vögel Möglichkeiten zur ungestörten Brut. Zwischen den Lebewesen einer Hecke bestehen Nahrungsbeziehungen. Somit bildet die Hecke eine ökologische Einheit.

Begründung der Empfehlung zur Strukturierung von Ackerflächen durch Hecken:

Durch Anlegen von Flurgehölzen und Heckenstreifen wird gewährleistet, dass sehr große Ackerflächen stärker strukturiert und damit Lebensräume geschaffen werden.

– Hecken beeinflussen das Bestandsklima. Durch Taubildung, aber auch durch Verringerung der Windstärke auf der windabgewandten Seite wird ein feuchtes Mikroklima erzeugt. Der Boden trocknet daher nicht so schnell aus und die Transpiration der Pflanzen verringert sich. Deshalb müssen die Pflanzen weniger Wasser aus dem Boden aufnehmen. Bei starker Transpiration aufgrund von trockener Luft und starkem Wind, würden die Spaltöffnungen geschlossen und es könnte weniger Kohlenstoffdioxid aufgenommen werden. Bei höherer Luftfeuchtigkeit und vor Wind geschützt bleiben die Spaltöffnungen dagegen geöffnet. Kohlenstoffdioxid steht daher in ausreichender Menge zur Verfügung und die Fotosyntheseleistung wird nicht gemindert. Dies wirkt sich positiv auf den Ertrag aus (Material 2).

– Hecken bieten zahlreichen Tieren einen Lebensraum. So auch Nützlingen, die die Hecke als Rückzugsgebiet, als Brut- und teilweise als Überwinterungsraum nutzen. Das vielfältige Angebot an verschiedenen Knospen und Samen, aber auch an Tieren bietet Nahrung für viele Lebewesen. Viele von ihnen ernähren sich auch von den so genannten Schädlingen der Kulturpflanzen. Der Einsatz chemischer Bekämpfungsmittel kann zu Gunsten der biologischen

Schädlingsbekämpfung reduziert werden (Material 1, 3, 5).

Die in der Hecke lebenden Tiere haben jeweils einen spezifischen Aktionsradius. Sind die Felder zu groß, haben entweder die Nützlinge auf weite Teile des Feldes keinen Einfluss oder sie werden selbst in der relativ ungeschützten Umgebung zur Beute.

Hecken bieten feuchte Lebensräume und auch ihr Randbereich zeichnet sich durch eine hohe Feuchtigkeit aus. Daran angepasste Tiere wie die Asseln benötigen aufgrund ihrer Atmung genau diese feuchten Bedingungen und siedeln sich dort an. Gerade Asseln spielen eine wesentliche Rolle beim Abbau organischer Stoffe, der sich positiv auf die Bodenqualität und die landwirtschaftlichen Erträge auswirkt (Material 4).

Durch das Anlegen von Hecken wird auch Pflanzen und Tieren ein Lebensraum geboten, die vom Aussterben bedroht sind.

Wahlaufgabe A1

1   – Die Sprossachse ist nach außen durch eine Stängelepidermis abgegrenzt, die als Schutz dient.

      – Nach innen schließt die Rinde an, die zum einen die Sprossachse festigt und zum anderen auch Stoffe speichern kann.

      – In der Rinde liegen die Zentralzylinder mit den Leitbündeln, die aus einem Gefäßteil und einem Siebteil bestehen. Der Gefäßteil setzt sich aus lang gestreckten, toten Zellen mit verstärkten Zellwänden zusammen. Die Zwischenwände fehlen, sodass Kapillarröhren entstehen. In ihnen steigt das Wasser auf. Der Transport des Wassers wird durch den Transpirationssog beeinflusst. Der Siebteil besteht aus lebenden Zellen, die siebartig durchbrochene Querwände aufweisen. Durch sie gelangen die bei der Fotosynthese gebildeten Stoffe von den Laubblättern über die Sprossachse zu anderen Pflanzenteilen.

      – Innen befindet sich das Mark, das der Speicherung dient. Bei manchen Pflanzen geht es im Laufe der Entwicklung zugrunde, wodurch der Stängel hohl wird.

2   Durch den ringförmigen Schnitt wird nur der Siebteil der Leitbündel des Sprosses durchtrennt. Der Gefäßteil ist nicht verletzt, sodass weiter Wasser von der Wurzel zu den Laubblättern gelangt. Die Zellen werden mit Wasser versorgt. Der Zellinnendruck bleibt erhalten und die Pflanze welkt nicht. In der Pflanze werden jedoch keine bei der Fotosynthese gebildeten organischen Stoffe von den Laubblättern zu den Wurzeln transportiert. Die sich heterotroph ernährenden Wurzelzellen erhalten keine Nährstoffe und sind nicht mehr funktionstüchtig. Die Pflanze stirbt nach einiger Zeit ab.

3   Bei den abgebildeten Pflanzen sind die Sprossachsen umgewandelt:
    – Der Säulenkaktus hat eine stark verdickte Sprossachse, in der Wasser
      gespeichert ist. So kann Trockenheit überdauert werden.
    – Die Dahlie hat eine als Knolle umgebildete Sprossachse, in der organi-
      scher Stoffe gespeichert werden. So kann die Pflanze die Zeit zwischen
      zwei Vegetationsperioden überdauern. Die Knolle dient auch der vegeta-
      tiven Vermehrung.
    – Unterirdische Sprosse, z. B. bei der Einbeere, sind verdickt, dienen der
      Speicherung und der ungeschlechtlichen Vermehrung. Sie wachsen un-
      terirdisch und treiben an anderen Stellen aus.

4.1 Das Versuchsergebnis zeigt, dass in der F_2-Generation Malven mit
     weißen, rosa und roten Blüten in einem Verhältnis von 25 % :
     50 % : 25 % auftreten.
     Dieses Verhältnis tritt auf, wenn die Pflanzen der F_1-Generation für
     das untersuchte Merkmal mischerbig (wr) sind und ein intermediärer
     Erbgang vorliegt.
     Kreuzung von Pflanzen der F_1-Generation: wr × wr

r: Allel für rote Blütenfarbe w: Allel für weiße Blütenfarbe	w	r
w	ww	wr
r	wr	rr

4.2 Pflanzen bilden haploide Pollen und Eizellen. Die bei der Meiose
     gebildeten Pollen und Eizellen tragen das Allel w (weiße Blütenfar-
     be) oder das Allel r (rote Blütenfarbe). Welche Geschlechtszellen
     miteinander verschmelzen, bleibt dem Zufall überlassen. Nur bei
     einer großen Anzahl Kreuzungen ist es wahrscheinlich, dass die an-
     nähernd gleiche Anzahl von w-Allel-Pollen auf r-Allel-Eizellen und
     w-Allel-Eizellen trifft und diese befruchtet. Entsprechendes gilt für
     Pollen mit dem r-Allel. Das zu erwartende Zahlenverhältnis wird
     folglich erst deutlich, wenn man viele Kreuzungen durchführt.
     Die Mendelschen Regeln machen keine Aussage über den Einzelfall.
     Das angegebene Zahlenverhältnis gilt immer nur für eine große An-
     zahl von Kreuzungen. Die Ergebnisse der Kreuzungen entsprechen
     dem zu erwartenden Zahlenverhältnis nur annähernd.

4.3 Grundlage für die relative Konstanz sind Mitose und Replikation.
     Körperzellen entstehen durch mitotische Teilungen. Die homologen
     Allele eines Chromosoms enthalten die Erbinformation für ein und
     dieselbe Merkmalsausprägung. Bei der Mitose werden die Chromati-

den eines Chromosoms und folglich die Allele auf die Tochterzellen verteilt. Somit ist die Erbinformation der Mutterzelle und die der Tochterzellen normalerweise identisch.

Nach der mitotischen Teilung laufen u. a. Replikationsprozesse ab, die eine weitere Grundlage für die Konstanz des genetischen Materials sind: Bei Replikationsprozessen entstehen aus einem DNA-Mutterstrang zwei genetisch gleiche Tochterstränge. Absolute Konstanz wird nicht erreicht, da Veränderungen des Erbmaterials durch Mutation möglich sind.

Wahlaufgabe A2

1   Das Zellplasma und die Vakuolenflüssigkeit in Zellen von Radieschen sind hoch konzentriert. Legt man die Radieschen in Leitungswasser, entsteht zwischen dem Zellinneren und dem Leitungswasser ein Konzentrationsgefälle. Es wird ein Konzentrationsausgleich angestrebt. Er erfolgt einseitig, weil Wasserteilchen von Leistungswasser in die Radieschenzellen gelangen, aber die in den Zellen enthaltenen organischen Stoffe und Salze, die die hohen Konzentrationen bewirken, können die Zellmembran aufgrund ihrer Größe nicht passieren. Folglich steigt der Zellinnendruck. An den Stellen, an denen die Radieschen kreuzförmig eingeschnitten wurden, kann das Wasser eindringen (Osmose) und die Teile dehnen sich mit zunehmendem Zellinnendruck nach außen aus. So entsteht die dekorative Blütenform.

2   Werden die Äpfel nach der Ente mit einer dünnen Wachsschicht überzogen, kann kein Sauerstoff an die darunter liegenden Zellen gelangen. So wird die Zellatmung eingeschränkt bzw. ganz verhindert. Bei diesem Stoffwechselvorgang würden ansonsten die organischen Stoffe oxidiert, d. h. abgebaut. Die Äpfel würden schrumpfen. Durch den Wachsüberzug erreicht man, dass die Äpfel während einer längeren Lagerung nicht schrumpfen und frisch bleiben.

3.1   **Der Weinherstellung liegt die alkoholische Gärung zugrunde:**

Glukose $\xrightarrow{\text{Hefepilze}}$ Alkohol + Kohlenstoffdioxid

Gründe für den Einsatz eines Gärröhrchens:
Bei der alkoholischen Gärung entsteht Kohlenstoffdioxid. Dieses Gas muss aus dem Weinballon entweichen können.
In sauerstoffhaltiger Atmosphäre (aerobe Bedingungen), würde der entstandene Alkohol von Essigsäurebakterien in Essig umgewandelt. Deshalb darf

kein Sauerstoff in den Weinballon gelangen.

Das Gärröhrchen ist daher so konstruiert, dass bei höherem Druck im Weinballon Gase (CO_2) von innen nach außen gelangen können. Flüssigkeit im Röhrchen verhindert aber gleichzeitig, dass Gase (O_2) von außen in das Gefäß hinein gelangen.

3.2 Bei zu hoher Alkoholkonzentration sterben die Hefepilze ab. Deshalb kann mit dieser Methode kein hochprozentiger Alkohol hergestellt werden.

4.1 – Eine Ursache für die Konstanz der Art liegt in der identischen Replikation der DNA. Sie ist eine Voraussetzung für Zellteilungen und ermöglicht so Regenerations- und Wachstumsprozesse.
– Eine Ursache für die Variabilität sind Mutationen. Sie verändern das genetische Material und führen so zu neuen Merkmalen.

Eine weitere Ursache für Konstanz ist die Mitose, eine weitere Ursache für Variabilität ist die Rekombination während der Meiose.

4.2 Mutationen die in den Körperzellen ablaufen, nennt man somatische Mutationen. Bei allen Lebewesen, die sich ausschließlich geschlechtlich fortpflanzen (z. B. Säugetiere), werden derartige Mutationen nicht an die Nachkommen weitergegeben. Sie sind somit keine Grundlage für die Neuentstehung von Arten.
Bei Lebewesen, die die Fähigkeit zur ungeschlechtlichen Fortpflanzung haben (z. B. Samenpflanzen), können die Körperzellen die Grundlage für die Entstehung der Nachkommen sein. Bei diesen Individuen können Mutationen, die in Körperzellen abgelaufen sind an die Nachkommen weitergegeben werden. Sie sind damit unter anderem eine Grundlage für die Variabilität und die Entstehung neuer Arten.

4.3 Merkmale sind einerseits genetisch determiniert, werden jedoch andererseits auch durch Umweltfaktoren geprägt. Wachsen eineiige Zwillinge unter verschiedenen Bedingungen auf, wirken auf die Zwillinge unterschiedliche biotische und abiotische Umweltfaktoren. Die Zwillinge entwickeln sich im Rahmen ihrer genetisch fixierten Reaktionsnorm. Innerhalb dieser Reaktionsnorm bilden sie verschiedene körperliche und psychische Merkmale aus.

Definition des Begriffs „Modifikation":
Modifikationen sind nicht erbliche Veränderungen im Erscheinungsbild eines Organismus, die während seiner Individualentwicklung entstehen. Umwelteinflüsse verändern den Phänotyp im Rahmen der genetischen Reaktionsnorm.

Sicher durch alle Klassen!

Lernerfolg durch selbstständiges Üben zu Hause! Die von Fachlehrern entwickelten Trainingsbände enthalten alle nötigen Fakten und viele Übungen <u>mit schülergerechten Lösungen</u>.

Mathematik – Training

Mathematik –
Übertritt an weiterführende Schulen .... Best.-Nr. 90001
Mathematik 5. Klasse Bayern .... Best.-Nr. 90005
Mathematik 5. Klasse Baden-Württemberg .... Best.-Nr. 80005
Mathematik 5. Klasse .... Best.-Nr. 900051
Klassenarbeiten Mathematik 5. Klasse .... Best.-Nr. 900301
Mathematik 6. Klasse .... Best.-Nr. 900062
Bruchzahlen und Dezimalbrüche .... Best.-Nr. 900061
Algebra 7. Klasse .... Best.-Nr. 900111
Geometrie 7. Klasse .... Best.-Nr. 900211
Mathematik 8. Klasse .... Best.-Nr. 900121
Lineare Gleichungssysteme .... Best.-Nr. 900122
Algebra 9. Klasse .... Best.-Nr. 90013
Geometrie 9. Klasse .... Best.-Nr. 90023
Klassenarbeiten Mathematik 9. Klasse .... Best.-Nr. 900331
Algebra 10. Klasse .... Best.-Nr. 90014
Geometrie 10. Klasse .... Best.-Nr. 90024
Klassenarbeiten Mathematik 10. Klasse .... Best.-Nr. 900341
Potenzen und Potenzfunktionen .... Best.-Nr. 900141
Wiederholung Algebra .... Best.-Nr. 90009
Wiederholung Geometrie .... Best.-Nr. 90010
Kompakt-Wissen Algebra .... Best.-Nr. 90016
Kompakt-Wissen Geometrie .... Best.-Nr. 90026

Mathematik – Zentrale Prüfungen

Bayerischer Mathematik-Test (BMT)
8. Klasse Gymnasium Bayern .... Best.-Nr. 950081
Bayerischer Mathematik-Test (BMT)
10. Klasse Gymnasium Bayern .... Best.-Nr. 950001
Vergleichsarbeiten Mathematik
6. Klasse Gymnasium Baden-Württemberg..... Best.-Nr. 850061
Vergleichsarbeiten Mathematik
8. Klasse Gymnasium Baden-Württemberg .... Best.-Nr. 850081
Zentrale Klassenarbeit Mathematik
10. Klasse Gymnasium Baden-Württemberg .. Best.-Nr. 80001
Vergleichsarbeiten Mathematik
VERA 8. Klasse Gymnasium .... Best.-Nr. 950082
Zentrale Prüfung Mathematik ZP 10
Gymnasium Nordrhein-Westfalen .... Best.-Nr. 550001
Mittlerer Schulabschluss Mathematik Berlin ... Best.-Nr. 111500
Zentrale Prüfung Mathematik Klasse 10
Gymnasium Brandenburg .... Best.-Nr. 1250001
Prüfung zum Übergang in die Jahrgangsstufe 11
Mathematik Klasse 10 Gymnasium/Gesamtschule
Mecklenburg-Vorpommern .... Best.-Nr. 1350001
Besondere Leistungsfeststellung Mathematik
10. Klasse Gymnasium Sachsen .... Best.-Nr. 1450001
Besondere Leistungsfeststellung Mathematik
10. Klasse Gymnasium Thüringen .... Best.-Nr. 1650001

Physik

Physik – Mittelstufe 1 .... Best.-Nr. 90301
Physik – Mittelstufe 2 .... Best.-Nr. 90302

Deutsch – Training

Leseverstehen 5./6. Klasse .... Best.-Nr. 90410
Rechtschreibung und Diktat
5./6. Klasse mit CD .... Best.-Nr. 90408
Grammatik und Stil 5./6. Klasse .... Best.-Nr. 90406
Aufsatz 5./6. Klasse .... Best.-Nr. 90401
Grammatik und Stil 7./8. Klasse .... Best.-Nr. 90407
Aufsatz 7./8. Klasse .... Best.-Nr. 90403
Aufsatz 9./10. Klasse .... Best.-Nr. 90404
Deutsche Rechtschreibung 5.–10. Klasse .... Best.-Nr. 90402
Übertritt in die Oberstufe .... Best.-Nr. 90409
Kompakt-Wissen Rechtschreibung .... Best.-Nr. 944065
Kompakt-Wissen Deutsch Aufsatz
Unter-/Mittelstufe .... Best.-Nr. 904401
Lexikon zur Kinder- und Jugendliteratur .... Best.-Nr. 93443

Deutsch – Zentrale Prüfungen

Jahrgangsstufentest Deutsch
6. Klasse Gymnasium Bayern .... Best.-Nr. 954061
Jahrgangsstufentest Deutsch
8. Klasse Gymnasium Bayern .... Best.-Nr. 954081
Zentrale Klassenarbeit Deutsch
10. Klasse Gymnasium Baden-Württemberg .. Best.-Nr. 80402
Vergleichsarbeiten Deutsch
VERA 8. Klasse Gymnasium .... Best.-Nr. 954082
Zentrale Prüfung Deutsch ZP 10
Gymnasium Nordrhein-Westfalen .... Best.-Nr. 554001
Mittlerer Schulabschluss Deutsch Berlin .... Best.-Nr. 111540
Prüfung zum Übergang in die Jahrgangsstufe 11 Deutsch
Klasse 10 Gymnasium/Gesamtschule
Mecklenburg-Vorpommern .... Best.-Nr. 1354001
Besondere Leistungsfeststellung Deutsch
10. Klasse Gymnasium Sachsen .... Best.-Nr. 1454001
Besondere Leistungsfeststellung Deutsch
10. Klasse Gymnasium Thüringen .... Best.-Nr. 1654001

(Bitte blättern Sie um)